Chloé Vienne

Avec la collaboration
de Sophie Blandinières

Serial Miller

Stock

Ouvrage publié avec le concours de Guy Birenbaum

Couverture : Le Petit Atelier
Photographie : © Véronique Phitoussi

ISBN 978-2-234-09776-6

Avertissement

L'affaire Gérard Miller a éclaté dans les médias le 31 janvier 2024. Le parquet de Paris a déclaré le 23 février 2024 avoir ouvert une enquête à la suite de six signalements de viol ou agression et saisi la police judiciaire parisienne. C'est d'abord la BRDP (brigade de répression de la délinquance contre la personne) qui a mené les investigations puis la BPF (brigade de protection de la famille, anciennement brigade des mineurs).

À l'heure où nous bouclons ce livre, Gérard Miller n'a été ni entendu par la police ni jugé.

Gérard Miller est présumé innocent.

1

Effractions

« Ah ! Ah ah, évidemment,
il fallait que ça arrive, ça ! »
Catherine Barma

Elle est dans la rue, incapable d'ouvrir la porte, en larmes. Elle me dit, confuse, qu'elle ne retrouve pas le code. Elle répète plusieurs fois « Ça ne va pas ». Je suis étonnée, ce n'est pas son genre, le drame, ce n'est pas son genre de boire trop ou de consommer des stupéfiants, non. Je comprends d'autant moins que mon amie est une familière de mon petit appartement du côté de la rue des Boulets à Paris. Combien de fois lui ai-je prêté les clés ? Combien de fois est-elle rentrée seule chez moi ? Son coup de fil n'a aucun sens.

Cette soirée du 16 mai 2003, je la passe chez des amis dans le 11e arrondissement, je ne suis pas loin, je la rassure, je serai là dans dix minutes, je me dépêche. Quand j'arrive, je ne la vois pas sur le trottoir, mais en entrant, dans le virage de l'escalier, assise, recroquevillée. Je m'approche et je lui parle doucement, je lui pose des questions, je veux savoir. Qu'est-ce qui s'est passé ? Mais elle est hagarde, elle me regarde comme si j'étais irréelle, comme si elle ne comprenait pas ma langue. Je l'aide à se relever, à monter les quelques marches qui conduisent à mon appartement et je la fais entrer dans le salon.

Je ne la reconnais pas. Elle est là sur cette chaise où je l'ai déjà vue mille fois, dans ce petit salon où nous avons travaillé, parlé, ri et fait la fête ensemble. Les deux images ne coïncident pas. Où est passée la jolie jeune fille aux cheveux longs, aux yeux noisette et au regard d'ange, l'étudiante timide mais déterminée, la copine de manifs, celle avec qui je m'égosille sous les pancartes de Ni putes ni soumises ? Où est passée Armelle ?

Nous nous connaissons depuis peu, mais nous sommes déjà très liées, nous parlons de tout, nous échangeons en continu. Nous nous sommes rencontrées en début d'année sur les bancs de Paris VIII, en première année de Lettres option communication. Toutes deux passionnées et militantes, nous avons un idéal commun, nous rêvons de changer le monde, de le rendre meilleur. Nous sommes animées par la même envie de contribuer, d'être utiles, vaillantes ; en route pour la joie. Rien ne saurait nous arrêter. Nous avons à peine dix-neuf ans. Comme mes parents habitent Mayotte, je loue avec un ami, Boris, qui travaille chez Thales mais passe son temps au Parti socialiste, un appartement qui est devenu la salle des fêtes officielle de la bande d'étudiants que nous sommes et la résidence d'appoint pour Armelle qui habite loin, chez ses parents, en banlieue. Issue de la classe moyenne, elle partage des valeurs de gauche, qu'elle tient notamment de son père, un homme qui suit l'actualité, regarde la télé, lit les journaux, écoute la radio. Plus réservée que moi, moins sûre d'elle, elle admire mes audaces, j'admire sa finesse et sa fraîcheur. Elle voit toujours le bon côté des choses, elle a quelque chose d'innocent, de bon et pur. Elle est très attachante, Armelle.

De la voir dans cet état me fait mal. Et, bizarrement, alors que je sais où elle a passé la soirée, je ne me figure pas que le problème, le gros problème compte tenu de l'état de mon amie, puisse venir de là.

Ce soir-là, elle avait rendez-vous avec Gérard Miller pour l'interviewer dans le cadre de travaux pratiques exigés par la fac pour son module de spécialité, journalisme. De mon côté, j'ai pris un autre module, validé par un reportage audiovisuel et un stage. C'est en Guyane où j'ai vécu plus jeune avec mes parents que je suis allée chercher un sujet. À cette époque-là, je n'ai peur de rien, ma témérité frôle l'inconscience : j'ai prévu d'aller à la frontière du Surinam interviewer un type en charge d'un trafic de drogue et de prostituées. Mais à mon arrivée sur place, il se fait embarquer par la police et mon sujet se volatilise. Je me déplace avec mon ami jeune journaliste d'un bar à un autre où l'on sympathise la nuit durant avec des prostituées. Au matin, elles nous proposent de les suivre vers une zone d'orpaillage où elles vont chercher les clients. Dans ma poche, je n'ai que cinquante euros, ça suffira. Nous entreprenons un voyage assez éprouvant avec mes nouvelles copines, des travailleuses sans-papiers. Il filme, je pose des questions, je m'immerge. Et je reviens avec des images qui enthousiasment mon professeur de l'université Paris VIII : « Ça ne va pas du tout être pour la fac, mais on va les vendre à Canal+. »

La chaîne les a achetées et, plus tard, m'a embauchée en alternance. Ça tombait bien qu'elle finance mes études, parce que mes parents avaient alors peu de moyens. Avec ce reportage, pour moi, tout commençait. Armelle, pour son module, voulait parler de l'émission *On a tout essayé*. Pour cela elle décide de faire l'interview d'un des chroniqueurs. Pour elle, tout ça était une montagne.

Et c'est ce qui a orienté son choix. Je l'ai compris a posteriori. D'abord, Gérard Miller n'est pas un étranger mais plutôt une célébrité de proximité, infiltrée dans les foyers via la télé à des heures rituellement familiales et ce, presque tous les jours. Il conjugue l'avantage d'être presque assis dans le salon et de susciter, par sa notoriété, son intelligence et son éloquence, l'admiration du père d'Armelle (et de tant d'autres). En plus, il est prof à Paris VIII, où nous sommes étudiantes. Il se trouve physiquement à un couloir, une salle de cours, tout près. Donc plus accessible.

Armelle me confie son idée d'interviewer le célèbre psychanalyste télévisuel et m'avoue sa peur d'aller le voir directement à la fin d'un cours. Elle préférerait une méthode moins frontale, plus posée, comme de lui envoyer un courriel. Elle est comme ça, mon amie, bonne élève, rigoureuse. Quand moi, je fonce d'une manière souvent désordonnée, elle, elle réfléchit, elle analyse, décortique, elle avance sûrement. Elle commence par récupérer l'adresse mail de Gérard Miller et se met à la rédaction d'une lettre qui le convaincrait de répondre favorablement à sa demande d'entretien. Scrupuleuse, elle veille à tout bien expliquer, elle veut mettre toutes les chances de son côté. Oser écrire un message à une telle célébrité, regardée quotidiennement par plusieurs millions de téléspectateurs, représente déjà pour elle un effort surhumain. À côté de lui, elle se sent si petite. Et si indigne d'une réponse.

Elle se trompe. Gérard Miller *himself* lui répond dans la journée. Elle en est estomaquée.

Non seulement Armelle a reçu une réponse à son courriel mais celle-ci est positive : M. Miller accepte et l'invite chez lui à 20 heures quelques jours plus tard. Personne, ni elle, ni moi, ni son amie, avec laquelle elle compte faire l'interview, ne tique sur l'heure de rendez-vous puisque la star a des obligations : il tourne sous les projecteurs de l'émission orchestrée par Laurent Ruquier sur France 2, *On a tout essayé.*

Ce jour-là, Armelle, surexcitée à l'idée d'aller au domicile d'une gloire télévisuelle pour l'interviewer, passe d'abord chez moi pour poser ses affaires et se calmer. Ce qui tranquillise un peu son stress, c'est de savoir qu'il habite tout près, du côté du boulevard Voltaire. Nous sommes convenues de nous retrouver plus tard à la maison, elle connaît le code par cœur et elle prend un trousseau de clés dans son sac. Elle part avant moi, je lui souhaite bonne chance pour son entretien, elle me dit merci, me sourit et disparaît derrière la porte.

Quelques heures plus tard, autour de minuit, en sanglots, Armelle m'appelle et je rentre vite.

C'est comme ça que Gérard Miller a fait effraction dans sa vie. Et dans la mienne.

J'aide Armelle à monter les quelques marches jusque chez moi et je la fais entrer. Quand j'allume les lampes dans le salon à la moquette bleu électrique, je me rends compte à quel point elle semble bouleversée. Je veux savoir, je veux qu'elle me parle. Nous nous sommes assises autour de la table ronde, je suis prête à l'écouter, elle est prête à me raconter. Ça vient de se passer, elle se souvient de la soirée très précisément, dans l'ordre. Le début, parfait, l'interview fluide, lui, aimable et généreux ; la suite, moins agréable, le dîner à trois dans un restaurant, les filles de la table d'à côté qui les regardent et commentent ; puis le retour à son domicile vers 22 heures, le départ de sa copine que son père vient chercher ; et le traquenard, l'agression, la fuite.

Moi, ma mémoire a retenu sa description de la maison de Gérard Miller, d'un home cinéma avec des fauteuils rouges, d'une pièce zen japonisante et d'une mise en scène, d'un kimono qu'il lui demande de porter. Je me souviens qu'elle fait un blocage sur ce kimono de geisha, elle qui est si pudique, et sur le fait de s'être retrouvée en culotte dedans. Elle me dit : « Tu te rends compte, j'étais en culotte devant lui ! » Elle est un puits de questions : « Comment je me suis retrouvée en haut ? », « Comment je me suis retrouvée en kimono ? », « Pourquoi j'étais si docile ? », « Pourquoi je lui ai raconté des choses intimes ? », « Pourquoi je lui ai dit mon secret ? ». Aussi, elle se rappelle d'une bière qui avait un drôle de goût et comment il l'avait justifié : « C'est parce que c'est une bière blanche. »

Son histoire est cohérente, elle la déroule comme un film pour me montrer et, peut-être, pour s'assurer qu'il est réel, que le cauchemar a bien eu lieu. Elle ne s'épargne aucun détail, tout ce qu'il lui fait, là où il met ses mains, sur les seins, le ventre, et ce qu'il fait après, plus bas, avec son doigt, ce qui la fait réagir et fuir la maison.

Au bout d'un moment, plutôt que d'être maternante et douillette, je m'énerve, voire j'explose : je suis prête à partir en mission punitive chez Gérard Miller. La seule manière de me soulager dans l'instant, c'est d'aller lui péter la gueule, je n'ai pas peur. Armelle m'implore de me calmer : « Non, non, je t'en supplie, ne fais pas ça ! » Elle a raison et, dans cette histoire, vous verrez que nous sommes nombreux à n'avoir pas eu sur le moment la bonne réaction, le réflexe juste, le courage nécessaire, la stratégie adéquate.

Dans ces années-là, avant #MeToo, on ne va pas à l'hôpital quand on a été violée, on ne pense pas prélèvements et plaintes, on pense non-événement et non-lieu. Au mieux on se confie à ses amis avant d'oublier, au pire on garde pour soi ses mésaventures qu'on ne qualifierait pas d'« agressions » ou de « viols ». Et puis, surtout, on a peur de passer pour des mythos. Une autre époque qui a laissé beaucoup de cadavres sexuels derrière elle et protégé les agresseurs derrière des mœurs héritées de la royauté : la liberté de jouir et d'abuser pour l'élite, les raffinements intellectuels de la transgression, le privilège de la discrétion et du secret de la vie privée, les murs étant d'autant plus épais et protecteurs que les pouvoirs sont grands.

Si bien que ce soir-là, malgré les faits, malgré leur gravité, malgré les pleurs, le visage et la voix de mon amie, au milieu de la nuit, nous allons nous coucher. Le lendemain matin, quand je me réveille à 7 heures, Armelle est déjà levée, habillée, prête à rentrer chez elle. Je ne suis pas certaine qu'elle ait dormi cette nuit-là. En tout cas, elle n'avait pas l'air plus reposée, ou moins perdue. Je lui suggère de porter plainte mais, comme la veille à mon offre de régler son compte à son violeur, elle dit « non », « je ne peux pas », « je ne veux pas ». Sa peur, je l'entends, elle fait frissonner ses phrases.

Elle se débarrasse de moi en se réfugiant chez ses parents. « Je vais leur en parler, me dit-elle, ils trouveront bien une solution. » J'essaie de la croire, mais mon intuition me prévient qu'Armelle va taire l'essentiel. Quand, dans les jours qui suivent, je me risque à demander quelle suite ses parents vont donner à l'affaire, elle clôt le sujet, ils sont défavorables à un dépôt de plainte contre un homme aussi puissant. Et puis, elle n'est pas si sûre que ce ne soit pas un peu sa faute, elle n'est pas si sûre d'avoir su lui dire non ; après coup, elle doute de tout.

D'abord, je n'insiste pas. Mais, à chaque fois que je vois Armelle, je ne peux m'empêcher de faire allusion à l'horrible soirée et de constater que ça la dérange, elle préfère parler d'autre chose et supporte de moins en moins ma petite obsession.

Je dois l'avouer, j'éprouve de la frustration et de la déception. Aujourd'hui, je n'en suis pas fière : trop facile pour moi qui n'ai pas subi ce qu'elle a subi de juger Armelle. En réalité, j'ai manqué d'empathie, j'ai laissé mon ego m'empêcher de comprendre l'état de confusion et d'angoisse dans laquelle se trouvait mon amie.

Moi, je suis enfermée dans mon rôle de justicière : l'idée que son agresseur reste impuni et libre, éventuellement de récidiver, me révolte. Je souhaiterais Armelle plus combative et elle, elle s'agace de mes perpétuelles exhortations, elle a trop de questions sans réponses, je lui en veux d'atténuer les faits, d'y instiller le doute, notre amitié se distend.

Cette année-là, Gérard Miller n'aurait pas abîmé que mon amie.

Armelle s'efface peu à peu de ma vie et moi de la sienne, mais ce qui s'est produit dans la soirée du 16 mai 2003 ne me quitte pas. De temps à autre, brutalement, la mémoire me pince. Alors, je parle ou j'agis, je raconte à des copains ou je me débrouille pour enquêter un peu à la fac via une amie fiable que j'ai sur place. On recueille comme ça les confidences d'Amandine, qui aurait dîné avec Gérard Miller à côté de Bastille et subi une agression très similaire à celle d'Armelle. Étrangement, bien que je ne sois pas en mesure, comme pour Armelle, d'attester la véracité du récit de l'étudiante, je ne suis pas surprise en apprenant l'existence potentielle d'autres victimes. L'idée que Paris VIII constitue un terrain de chasse fabuleux pour le prof respecté qu'il est, un grenier à nymphettes, si facilement abordables quand on fait autorité, m'effleure alors. Je remarque aussi la différence de profils entre Armelle, réservée et pudique, et Amandine, très belle et plus délurée.

Armelle a confié à sa copine ce qui avait eu lieu après son départ, elle évite de me parler. Elle agit presque comme si elle n'avait pas été là du tout ce soir-là, elle s'étonne et balbutie : « Il avait l'air normal. » Son mutisme relance ma colère et me pousse à diffuser l'histoire dans mon milieu de journalistes.

J'ai beau faire, comme une ombre, comme une injustice, elle me colle.

C'est à cause de – grâce à – mon père. Mon père adoré, mon père décédé. C'est lui qui m'a donné l'exemple, m'a montré comment me tenir devant les injustices, comment rétablir la vérité, comment la dire, même quand – surtout quand – personne n'est disposé à l'entendre.

Toute petite déjà, j'ai appris à identifier une injustice. En primaire, une gamine m'avait piqué un taille-crayon et incitée de fait à l'alpaguer à la récré pour qu'elle me le rende. Résultat : c'est moi que la maîtresse avait punie. Ce minuscule événement, à mon échelle d'écolière, avait rendu mon père fou de rage.

Plus tard, alors que je suis en classe de quatrième et que nous habitons en Guyane, une copine me révèle qu'elle a été victime d'un viol collectif, d'une tournante. Son petit ami l'a livrée en pâture à quatre de ses copains. Mon réflexe, comme avec Armelle plus tard, c'est d'en découdre avec l'agresseur.

Je préviens la victime que je vais tout dire aux adultes. Mais cette dernière, à l'instar d'Armelle, est terrifiée. En plus, elle est restée proche de son ex. À cette époque-là, je ne connais pas le terme d'emprise, mais c'est comme ça que s'appelle la pathologie de mon amie qui la pousse à tout répéter à celui que je m'apprête à dénoncer. Bien sûr, il prend peur et s'énerve. Avec ses complices, ils se mettent à m'appeler à tout bout de champ afin de m'impressionner et de m'effrayer pour que je me taise. Le harcèlement agit sur moi, il me déglingue, je craque souvent, je pleure pour rien, je dors mal. Mon père s'inquiète et me force à avouer. Sa priorité n'est plus que la victime soit à l'abri de ses agresseurs mais que moi, sa fille, je le sois. Il prend rapidement une décision qui me semble, maintenant que je suis mère, tellement brave, il me déscolarise et m'exfiltre de Guyane pour me ramener en France, sur l'île de Noirmoutier où il est propriétaire d'une ruine que nous allons passer deux mois à retaper ensemble.

C'est comme ça que j'ai grandi, en liberté, mais avec la justice comme boussole. Devenir journaliste était certainement le moyen pour moi le plus naturel de naviguer selon les principes de mon père.

Pendant ces vingt dernières années, j'ai essayé de réaliser le fantasme qu'Armelle et moi avions : servir à quelque chose, avoir une mission, l'information, la vérité. Intuitivement, j'ai redoublé d'efforts. Comme si je me devais d'honorer pour deux une promesse que mon amie, passée du côté des victimes silencieuses que le déni global maintient dans un étau, n'était plus en mesure de tenir.

Pendant ces vingt dernières années, en effet, je le saurai bientôt, la vie d'Armelle a été comme étouffée. Par la souffrance, la peur, la culpabilité, la honte, la colère, les souvenirs embrouillés et un désespoir sans fin.

Pendant ces vingt dernières années, la vie professionnelle de Gérard Miller, elle, s'est épanouie.

Méthodiquement, avec son bagou et son intelligence rapide, il a capté tous les pouvoirs. Sa parole, sa pensée se sont peu à peu propagées partout, comme si elles étaient d'évangile. Il a littéralement saturé les ondes et ce besoin frénétique d'être à l'antenne, d'être écouté trouverait son origine dans une humiliation d'enfant. Dans les premières pages de son autobiographie *Minoritaire*, il raconte en détail comment, au cours d'une réunion d'une association de défense des personnages de fiction qu'il s'était amusé à créer avec deux camarades, il a été mortifié du peu d'intérêt suscité par la lecture d'une réécriture positive d'un conte très sombre d'Andersen, *La petite fille aux allumettes*. « Ma déception fut grande et il me fallut plusieurs semaines pour m'en remettre », écrit-il. À partir de cet épisode le petit Gérard Miller décide de travailler son style afin « que plus personne ne baille en [l]'écoutant ». Fondatrice, cette séquence éclaire selon moi un aspect primordial de sa personnalité et de sa biographie : la nécessité de se rendre intéressant, d'attirer l'attention, en un mot, d'exister.

C'est en 1988 qu'il met le pied dans la porte des médias grâce au critique de cinéma Serge Daney qui se décharge cette année-là d'une partie de ses chroniques quotidiennes dans *Libération.* Dans « Les infortunes du divan », Gérard Miller propose un décryptage psychanalytique des candidats de l'élection présidentielle. Il veut compter, convaincre, influer, reprendre le pouvoir politique qu'il dit avoir eu en 1968, quand il était maoïste. Sa chronique suscite très vite des irritations. Du côté de la rédaction du journal, qui le trouve vain, du côté des psychanalystes, qui le trouvent léger.

Puis, dès 1990, il amorce son expansion en investissant le champ audiovisuel. Cette fois, c'est le documentariste Patrick Jeudy qui l'introduit. En quête d'un auteur capable d'écrire la voix off d'un film sur Eva Braun, il tombe sur Miller. Et ne le regrette pas. Au point de continuer à travailler avec lui. À quatre reprises. Mais le virage du succès, de la notoriété, c'est grâce à Laurent Ruquier que Miller le prend. En 1995, il est invité sur France Inter pour défendre son dernier livre, le quatrième et dernier volume d'une *Chronique des deux septennats (1981-1995)* intitulé *La France des hérissons*, face à l'animateur qui en a fort peu apprécié la lecture. Mais la confrontation n'aura pas lieu. Au contraire, se noue alors une amitié qui lui ouvre les portes de la radio. Où Michel Drucker le remarque et le recrute dans l'équipe de trublions de son émission légendaire *Vivement dimanche*. Son rôle : celui du provocateur, du « poil à gratter », comme on disait à cette époque-là. Jacqueline Remy dresse le portrait de Gérard Miller en plusieurs épisodes dans *L'Express* en 2018 et rappelle qu'il avait placé la photographie d'un des invités, en l'occurrence Édouard Balladur, à côté du canapé rouge et lui avait lancé, à son arrivée sur le plateau : « Quand je veux bien dormir, je regarde votre photo. » Malicieux, sûr de lui, cultivé, intelligent et hilarant, c'est ainsi qu'il se montre en privé et en public. Des qualités qui lui permettent d'être très sollicité et de gagner sa place sur l'Olympe.

À partir des années 1990, pendant trente ans, il est omniprésent, ne s'interdisant rien et touchant à tout, ne ratant aucune occasion d'être sur scène, de tenir le micro, de faire crépiter sa voix et scintiller son aura, de propager à l'écrit et à l'oral sa pensée, ses traits d'esprit, ses commentaires et ses analyses.

Il joue de sa plume dans divers journaux, il tient des rubriques aussi bien dans *Libération*, *Le Globe*, *L'Événement du jeudi*, ou *L'Huma*, que dans l'hebdomadaire chrétien *La Vie*. Peu importe le support, du moment qu'il y ait accès. Peu importe le décor, du moment qu'il peut s'y construire un balcon, une tribune. Son premier amour, son ambition ancienne, les livres, il ne les dédaigne pas. Au contraire, avant même de se déclarer journaliste, il se présente au monde comme auteur. En 1975, au moment où il lâche le militantisme et se lance dans la psychanalyse, il publie le très sérieux (malgré un titre burlesque) et brillant *Les Pousse-au-jouir du maréchal Pétain*, avec une préface signée Roland Barthes.

Car le sémiologue star a dirigé sa thèse de troisième cycle de philosophie. Avant ça, c'est Jean-François Lyotard, philosophe post-structuraliste, qui lui fait passer sa maîtrise. Grâce à la respectabilité et l'admiration dont bénéficie son frère, Jacques-Alain Miller, Gérard trouve facilement des intellectuels renommés pour légitimer son travail. C'est sous la direction de Michel Foucault, affirme-t-il, qu'il a mené sa thèse d'État en sciences politiques mais elle ne verra le jour… qu'en 1996 sous la direction de Jean-Marie Vincent à Paris VIII. Validé par l'université, après un passage par Normale sup de Fontenay-Saint-Cloud en philosophie (1968), il intègre ainsi le milieu universitaire. Il devient professeur à Paris VIII (Vincennes) et conquiert un nouveau statut d'autorité, de pouvoir ; un nouveau terrain de transmission, d'influence.

Il ne remplace rien, il cumule, il ajoute, il superpose. Il demeure ce qu'il a commencé à être. Aussi est-il capable d'être tout à la fois, l'hyperréactivité, le déploiement de soi sur tous les plans.

En premier lieu, il est un auteur qui publie de temps à autre des livres sur des thématiques telles que Lacan (en 1987), la période mitterrandienne, la psychanalyse (en 1991 avec sa première femme, Dominique Miller, *Psychanalyse six heures et quart*, Le Seuil, 1991 ; *Moments de vérité : le hasard, le destin et la psychanalyse*, L'Archipel, 1996 ; mais aussi en 2010), lui-même (*Minoritaire*, Stock, 2001), l'astrologie (*Ce que je sais de vous... disent-ils*, Stock, 2000), l'hypnose, à plusieurs reprises Pétain et l'extrême droite, ses ennemis tous azimuts (*Antipathies*, Grasset, 2014), son candidat révolutionnaire adoré, Jean-Luc Mélenchon (*Mélenchon, Mai oui*, Le Seuil, 2018). Mais des livres, ça ne suffit pas quand on désire l'audience la plus large possible. Il faut être à la radio et/ou à la télévision, de préférence dans des émissions très populaires.

Grâce à son amitié avec Laurent Ruquier et ses talents d'amuseur, d'orateur et de polémiste, il envahit, voire sature les ondes. On l'entend sur France Inter et Europe 1 avec Laurent Ruquier, RTL avec Marc-Olivier Fogiel dans *On refait le monde* en 2014 ; on le voit à la télé chez Drucker, Ruquier et Laure Adler dans *Le Cercle de minuit* entre 1995 et 1997, avec Guillaume Durand dans *L'Objet du scandale* en 2009, ou chez lui, dans ses propres émissions : *Le Goût du noir* sur La Cinquième en 2001, *Cette année-là* sur France 3 en 2005-2006.

Content de lui, sans aucun complexe, peu prompt à l'autocritique, d'après la plupart de ceux qui l'ont approché ou ont cherché à en faire le portrait, Gérard Miller se montre téméraire, prend le risque d'être ridicule. En montant sur les planches, par exemple. D'abord avec la bande à Ruquier dans *La presse est unanime* au théâtre des Variétés en 2002, puis en solo dans le off d'Avignon de 2008, au théâtre Le Petit Chien, avec *Manipulations, mode d'emploi*, un spectacle sur l'hypnose, la suggestion, la persuasion, le pouvoir du langage, la rhétorique des politiques…

Sa soif de notoriété le pousse à commettre des écarts, presque des sorties de route. Pour faire rire, il est prêt à tout, dont la méchanceté, la trivialité, la vulgarité. Gérard Miller, ce grand intellectuel, cet auteur d'ouvrages savants, ce professeur d'université et membre de l'École de la Cause freudienne – créée en janvier 1981 et dirigée par son frère, Jacques-Alain Miller, qui a transcrit les séminaires de Lacan, son beau-père, afin qu'il y ait une œuvre écrite –, se commet avec Jean-Marie Bigard dont il écrit à un moment les sketches ou dans des documentaires sur des stars dont il fait le portrait psy en trois phrases malgré les critiques de ses anciens camarades qui ne goûtent guère son évolution. Mais comme il est du genre à surenchérir sous les reproches, à y répondre par une provocation, personne ne le freinera, ni lui, ni sa liberté.

Il ose tout, pourtant il est intelligent, très. Son côté potache lui cause bien sûr des ennuis. Comme avec Michel Drucker qui a avalé nombre de ses provocations, jusqu'à celle de trop, celle qui irrite parce qu'elle donne le sentiment d'être pris pour un con. Quand Miller critique dans son autobiographie *Minoritaire* les pratiques dominantes de la télévision qui, ironie, le nourrit grassement et a fortifié son pouvoir, le tycoon de *Vivement dimanche* décide de le virer d'une manière brutale, sur laquelle s'épanche l'éconduit dans les journaux. Le psy se plaint au journal *La Dépêche* d'avoir reçu un message « d'une violence inouïe et d'une agressivité qui [l]'a fait tomber des nues ». En dépit de l'affection que le présentateur éprouvait pour le chroniqueur et du lien qui a existé entre leurs pères respectifs pendant la guerre, comme l'a raconté Jacqueline Remy dans *L'Express*, Drucker rompt. Car il est du genre à trancher. Et la séparation sera définitive.

Participer à l'écriture de documentaires avec Patrick Jeudy lui a donné le goût de faire des films et de collaborer également à des scénarios de longs-métrages tels que *Passage à l'acte* (1996) et *Terminale* (1998) du réalisateur Francis Girod. Au début des années 2000, il enchaîne les docs, essentiellement avec Patrick Jeudy (sur Marilyn, Jackie Kennedy, Robert Capa, John F. Kennedy), mais aussi avec Sylvain Bergère (sur son homonyme, Arthur Miller et Monroe, Signoret, Montand dans *Deux couples à Hollywood*).

Le siècle naissant le propulse, il est au sommet de sa carrière et finira même, en 2004, par se lancer en devenant producteur, son propre producteur qui ne dit pas non, qui paye bien, qui ne censure pas. Dès lors, des documentaires, Gérard Miller va en faire à la pelle. Son tout premier, pour les quarante ans de Mai 68, est suivi d'une liste d'une trentaine de films dont les sujets sont autant d'indices de ses centres d'intérêt. Dans l'ordre chronologique : les branchés des années 1980, le strip-tease, la « première séance », Lacan, les femmes de président, les désirs masculins, les « serial tueurs », les désirs féminins, Laurent Ruquier, les « ruses du désir » en trois parties, François Léotard, DSK, Monaco, Jérôme Cahuzac, Gérard Depardieu, Ségolène Royal,

Dalida, Sarkozy, Mélenchon, Lady Di, Liliane Bettencourt, Françoise Dolto, la folie, la psychanalyse.

Que se passe-t-il dans la vie de Gérard Miller autour de l'an 2000, lorsqu'il atteint la cinquantaine, hormis le démarrage de l'émission *On a tout essayé*, qui le dote ainsi d'une énergie encore plus grande, d'un appétit d'être et de faire plus aiguisé encore ? Une rencontre. Avec une jeune femme, une très jeune femme, de trente ans de moins que lui : Anaïs Feuillette. Elle se trouve dans le public de l'émission de Ruquier sur France Inter. À *Voici*, il confesse : « Je ne l'ai pas quittée des yeux et, à la fin, j'ai traversé tout l'amphi pour lui parler. Elle était membre du Parti communiste et venait à Paris pour assister à un colloque sur Marx. Ça ne s'invente pas ! » Après une vingtaine d'années de mariage, il se sépare de sa femme Dominique, une psychanalyste reconnue, dont il a adopté les jumeaux d'un premier mariage, et eu deux autres enfants, pour épouser une jeune femme.

Au tournant du siècle, grâce à Anaïs, il entreprend donc une mue profonde. Lui qui portait jusque-là des costumes gris et mal coupés d'expert-comptable, des pantalons à pinces qui tombent sur les chaussures, il se met aux jeans slims, courts, et aux baskets. Il adopte un look d'éternel adolescent qui correspond à sa doctrine de répondre à la question de l'âge par un coquet « J'ai eu vingt ans en 1968 » et déclare dans *Voici* abandonner sa carrière de dragueur – ce qui manque un peu d'élégance vis-à-vis de sa femme précédente. Avec sa nouvelle épouse, il fait un enfant et met au point un système très rentable. Tous les deux auteurs, réalisateurs et producteurs, ils se partagent en couple la réalisation et les droits d'auteurs de leurs documentaires qu'ils vendraient 400 000 euros pièce (d'après Laurent Telo dans *Le Monde* en 2018[1] : « Tout en glaviottant sur les médias riches et mainstream, il vend environ 400 000 euros pièce ses docs à France 3 avec une récurrence qui fait cancaner dans les alcôves télévisuelles. »).

Quand Armelle a le malheur de croiser Gérard Miller, en 2003, il est donc en phase ascendante, dopé aux médias, boosté par la notoriété et par sa rencontre avec Anaïs. Puissant. Et il le reste dans les années qui suivent. Son visage, sa voix, sa pensée, son intelligence, son humour occupent les ondes. Les victimes présumées me diront toutes à quel point cela a été dur pour elles de revoir et d'entendre pendant si longtemps et autant leur agresseur présumé. Alors qu'il gagnait en popularité, renforçait sa légitimité et sa crédibilité, elles perdaient confiance en elles, en leur histoire, en leur parole. Alors qu'il

1. Laurent Telo, « De Michel Drucker à Jean-Luc Mélenchon, le complexe Gérard Miller », *Le Monde*, 25 mai 2018.

se hissait vers les sommets, elles se sentaient un peu plus faibles, un peu plus coupables.

Contrairement à Armelle, j'avais pu passer à autre chose, j'avais oublié Gérard Miller. Jusqu'au 31 janvier 2024, 16 h 09.

Sur mon téléphone, je reçois une alerte : « Gérard Miller accusé d'agressions sexuelles et viol sous hypnose par plusieurs femmes. » Cette nouvelle en est une, et pas. Je suis à la fois choquée et soulagée. Enfin le secret a explosé, enfin nous ne sommes plus les seules à savoir, enfin l'agresseur présumé va tomber de la scène où il s'est caché. Avant même de lire les détails de l'affaire Miller qui vient donc d'éclater, j'envoie un message à Armelle via Facebook, seul endroit où j'ai gardé un contact avec elle. Je mets seulement le lien que j'ai reçu et ce commentaire laconique : « Je n'ai jamais oublié. »

Dix-neuf minutes plus tard, elle me répond : « Coucou Chloé, je suis encore sous le choc de ce que tu viens de m'envoyer, j'en tremble. Je n'ai pas encore lu en détail mais je me doutais que ça lui tomberait dessus un jour surtout quand j'ai vu qu'il avait le culot de fanfaronner sur l'affaire Depardieu en se posant en défenseur des femmes. Je suis encore un peu abasourdie. »

Émue par le message d'Armelle et excitée par l'info, je me renseigne sur ce qui l'a fait sortir. Et je ne peux m'empêcher de sourire, car mon amie a raison, c'est son « culot » qui l'a confondu.

D'un côté, il s'énerve, s'indigne, postillonne, se transforme dans les médias en doigt de la justice qui condamne Depardieu, Darmanin et Quattenens ; de l'autre, dans un épisode de ses *Ruses du désir*, il s'épanche en voix off sur les plaisirs de l'interdit. Il évoque « le rapport étrange que chacun de nous entretient avec l'interdit et à l'occasion avec la transgression », le fait de « savourer l'allégresse du péché » et « ce qu'on ne devrait pas faire mais que nous faisons quand même » ; il va jusqu'à affirmer, en ayant recours à Freud, que la sexualité féminine se nourrit d'interdits.

Mais ce ne sont pas tant ses propos qui ont ouvert sa boîte de Pandore personnelle. Plutôt une connivence revendiquée avec un autre agresseur sexuel présumé, Benoît Jacquot.

Des motifs de s'entendre, les deux hommes en ont foule : Jacquot, né en février 1947, Miller, en juillet 1948. Ils appartiennent à cette génération qui, parce qu'elle avait « vingt ans en 1968 », s'est raconté avoir contribué à l'émancipation de la société et renversé l'autorité alors qu'elle en a surtout profité pour prendre le pouvoir, le conserver et jouir d'une nouvelle liberté sexuelle. D'ailleurs, où sont les grandes figures révolutionnaires féminines de Mai 68 ? À part pour la photo de Marc Riboud, « La jeune fille à la fleur », dont personne n'a retenu le nom, les principaux acteurs demeurent Daniel Cohn-Bendit, Alain Geismar, Jacques Sauvageot, Jean-Paul Sartre, Alain Krivine, Jean-Luc Godard, Romain Goupil, Jakie le Katangais. Bizarrement, dans *Les Années de rêve*, premier tome de *Génération* de Hervé Hamon et Patrick Rotman, somme géniale sur l'époque, nulle mention n'est faite de Gérard Miller. Pourtant, dans son petit essai ironique d'astrologie, *Ce que je sais de vous... disent-ils*, au chapitre « Cancer », qui le concerne, on peut lire : « Est-ce sans surprise que l'on doit à un jeune Cancer l'un des slogans les plus réussis de Mai 68 : "Baiser comme des bêtes !" ? »

Car, de son passé de révolutionnaire, couleur Mao, de son nom de code Vincent, il est particulièrement fier. La légende, c'est-à-dire lui, raconte à Jacqueline Remy[1] qu'il a été « l'un des tout premiers prochinois en France ». Et pour expliquer n'avoir pas été remarqué par les autres rouges, il précise qu'il était « plus souvent devant les usines qu'au quartier latin » et impliqué dans les comités

1. Jacqueline Remy, « Gérard Miller, le petit psy rouge », *L'Express*, avril 2018.

Vietnam qui pourfendaient l'impérialisme américain. Laurent Telo, lui, a retrouvé pour son portrait dans *Le Monde* un témoin de la présence de Miller dans les amphis. Journaliste et écrivain, Guy Konopnicki a souvenir de l'avoir vu très échauffé et vociférant. Il hurlait contre le professeur censé faire cours mais encarté communiste : « Un stalinien ne pérorera pas dans cette faculté ! » « Konop », comme on l'appelait alors, s'en souvient très bien parce que lui-même appartenait au PC, aux ennemis !

Pour Miller, la révolte est un art de vivre, la révolution, un dieu. Comme son frère aîné, Jacques-Alain, fasciné par Robespierre et fervent lecteur de Marx. Dès l'âge de seize ans, alors qu'il est élève dans le cossu 16e arrondissement de Paris, à Janson-de-Sailly, Gérard entre dans Les Jeunesses communistes et, très vite au fait des luttes intestines entre les courants soviétique et chinois, s'engage dans le second, ne serait-ce parce qu'il est minoritaire, dissident, sulfureux. La voie la plus escarpée, la plus critiquée est toujours sa préférée. Dans son autobiographie, il se délecte d'avoir appartenu aux maoïstes perçus comme « agités, oui. Et sectaires, et violents, et tout ce qu'on voudra. Mais pas fous au point de vouloir diriger les autres », et plus isolés « que la bête du Gévaudan ». Ce qu'il apprécie chez eux, c'est d'être « ultra-révolutionnaires » en étant anti-autoritaires, puisqu'il se gave de leur « prose »,

« auprès de laquelle la *Pravda* n'apparaissait guère plus corrosive que *La Semaine de Suzette* ».

Et on ne saurait reprocher à Miller une inconstance politique ou un manque de courage, car il est allé, à l'été 1968, à l'instar des Chinois derrière leur empereur rouge, jusqu'à faire sa longue marche en Province (Sarthe, Mayenne, Morbihan), où il est quand même resté deux ans en tant qu'ouvrier agricole. L'idée étant de partager la vie des plus humbles, des travailleurs et de les convertir, les soulever en soufflant un esprit de mutinerie. Paysan le jour, conspirateur la nuit, une jeunesse qui se raconte comme un roman. Quarante-sept pages sont d'ailleurs consacrées dans *Minoritaire* à ses années de lutte (six en tout, de 1964, année de son engagement officiel aux Jeunesses communistes, jusqu'à 1970, année de son retour à Paris et de son entrée en psychanalyse).

Gérard Miller n'a pas perdu sa jeunesse à être vieux et ne compte pas davantage y consacrer sa vieillesse. Il a eu la chance et l'énergie de vivre une épopée dont il n'a peut-être pas accepté la chute. Dans son livre d'astrologie, il souligne à quel point le Cancer est un « sentimental, romantique » qui « a besoin de tendresse plus que de volupté ». Il souligne qu'« en amour, le Cancer est un idéaliste ». En résumé, l'ancien Mao est manifestement un être épris d'idéal et nostalgique d'un paradis, d'un lieu et d'un temps qui n'existent plus mais où son désir est resté coincé.

Dès lors, on peut comprendre ce désir, qui émerge au fil de l'enquête, pour des filles de dix-neuf ans ou moins qui peuvent le ramener là où il fut heureux, sa jeunesse. Benoît Jacquot, de la même manière, ne paraît pas éprouver de honte, se sent, au contraire, presque une victime de très jeunes filles, Judith Godrèche, puis Isild Le Besco, qui l'ont séduit et utilisé, enfin quitté. Son penchant pour la jeunesse paraît, à ses propres yeux, tout à fait sincère et pur. Jacquot aurait réitéré par deux fois quand Miller l'aurait répété un nombre de fois important. Avec, peut-être, la même sincérité.

Avec Benoît Jacquot, la complicité est tissée de bien d'autres fils, comme le cinéma, Jacques Lacan et l'hypnose. À l'instar de Gérard Miller, le réalisateur, passe à ses débuts par la non-fiction pour la télévision. En 1973, il tourne en effet un documentaire sur le psychanalyste adulé (pour sa compréhension brillante de Freud) et détesté (pour des séances dont la durée est le fait du prince, parfois cinq minutes), qui refusait jusqu'alors d'être filmé. Le résultat, *Psychanalyse* (1974), est un film en noir et blanc impeccable d'une heure et trente-cinq minutes. On assiste dans le bureau de Lacan à une conversation passionnante, découpée en neuf parties : la télévision et le public, la pensée harmonique, le symptôme, les voix de la télévision, le discours analytique, être un saint, l'inconscient et les affects, l'affect, la troisième question (« Que m'est-il permis d'espérer ? » après « Que puis-je savoir ? » et « Que dois-je faire ? » dans la philosophie d'Emmanuel Kant). Les questions du jeune Benoît Jacquot ont le grand mérite d'être brèves et pertinentes. Jacques Lacan, dont la voix puissante, l'oralité intense et spectaculaire, et l'éloquence attiraient nombre d'auditrices et d'auditeurs à ses séminaires, y répond avec un plaisir évident. Quelques moments de l'échange sont particulièrement savoureux grâce à la finesse roublarde du disciple de Freud.

Dans le chapitre « Les voix de la télévision », il se lance dans un raisonnement acrobatique pour finir par lui asséner : « À dire crûment, vous savez que j'ai réponse à tout. » Une phrase que Gérard Miller pourrait, lui aussi, de bonne foi, prononcer. Vers la fin du film, Lacan, avant d'éclater de rire, lance à Jacquot : « Espérez ce qu'il vous plaira, sachez seulement que j'ai vu plusieurs fois l'espérance, ce qu'on appelle les lendemains qui chantent, mener des gens que j'estimais autant que je vous estime au suicide. » Au moment où Jacquot prépare son documentaire, il ne manque pas de s'adresser au spécialiste du psychanalyste, l'héritier qui le connaît depuis 1964 et qui a en outre épousé l'une de ses deux filles, Judith : Jacques-Alain Miller, dit JAM. Il vénère son beau-père qu'il a connu rue d'Ulm un jour que Lacan était invité par Louis Althusser alors qu'il passait par une période difficile de réprobation du milieu psychanalytique international. Et par une question brillante à un séminaire du maître, il attire son attention et celle de sa fille.

En 1972, une fois ses velléités de militant communiste évaporées, déçu, Gérard Miller marche dans les pas de son frère en prenant la voie de la psychanalyse et en se passionnant pour son beau-père par alliance. Après huit ans et demi d'analyse, vers la fin des années 1970, il ouvre son propre cabinet d'analyse et travaillera en parallèle pendant quinze ans à l'hôpital psychiatrique Esquirol, rue de Reuilly, à Paris. Et comme, tout au long de sa carrière, il fait des ponts entre ses différentes activités, il finit par mettre à l'image sa spécialité, la psychanalyse, et son héros, celui qu'il est si fier de côtoyer. Dans le documentaire *Rendez-vous chez Lacan*, que Miller réalise pour les trente ans de la mort du maître, quarante ans après *Psychanalyse*, on trouve une interview de Benoît Jacquot et un clin d'œil appuyé à son travail, la première phrase de son film, extraite du documentaire de 1973. « Je dis toujours la vérité », énonce Lacan.

Au cours de l'interview que Miller fait de Jacquot, ce dernier décrit la personnalité du grand psychanalyste en racontant comment il a forcé la diffusion du documentaire sur lui que la chaîne refusait : « Lacan, c'était là, maintenant, ça devait se faire comme ça, pas autrement et il rentrait en guerre et c'était tous azimuts aussi bien les sous-fifres de la télé qu'il appelait en leur donnant des ordres par téléphone qui étaient absolument incontournables et tous les "importants" entre guillemets, il y en avait quelques-uns qui pouvaient avoir eu affaire à lui d'une façon ou d'une autre sur le divan ou ailleurs, tous ont été requis. Les coups de fil du docteur, les interventions, les lettres, les mots, les petites menaces comme ça envoyées ici ou là, ça finit par produire un effet de rumeur qui s'est précisé de plus en plus au point que Lacan, lui, a senti que non seulement ça passerait à l'heure la plus improbable et qu'il l'exigerait et que ça marcherait. » Et en effet, son film est passé en deux parties le samedi soir à 20 h 30.

En 2011, quand Miller choisit ses intervenants pour son film *L'Interdit*, premier volet d'une trilogie sur le couple intitulée *Les Ruses du désir*, il pense à interviewer Benoît Jacquot sur la transgression qu'est la différence d'âge. Comme ils se connaissent bien, le réalisateur se sent en confiance. Encouragé par des questions posées sur un ton bienveillant, voire complice, il se lâche, avoue sans honte, commente, interprète : « Une fille comme elle, comme cette

Judith, qui avait en effet quinze ans, moi quarante, en principe, je n'avais pas le droit. Mais ça, alors, elle n'en avait rien à foutre. Et même elle, ça l'excitait beaucoup, je dirais. Faire du cinéma est une sorte de couverture pour des mœurs de ce type-là. »

En 2011, quand le documentaire de Gérard Miller est diffusé, personne ne prête attention à ce passage enthousiaste dédié aux relations entre un adulte et des adolescentes que ce dernier déclare consentantes en insistant sur le fait que ça les « excite ».

Le 6 janvier 2024, à l'actrice qui a commencé quelques mois plus tôt à dénoncer sa relation toxique avec le réalisateur dans une série réalisée pour Arte, *Icon of French Cinema*, une inconnue envoie un simple lien sur la séquence de 2011 devenue virale. Le documentaire de Gérard Miller a trouvé son public.

À partir de là, un deuxième volet de #MeToo s'ouvre avec Judith Godrèche, une nouvelle façon de dénoncer, calme, intelligente, explicite, pédagogique.

Devant le morceau télévisuel de complaisance, devant l'échange, dont elle est le sujet, entre les deux hommes, Judith Godrèche a dit : « Trop, c'est trop. »

2

Paillettes et prédation

« Je ne crois pas que je dirais
quoi que ce soit si je savais,
mais je ne sais rien. »
Franck Dubosc

Cette nuit du 31 janvier 2024, je ne dors pas. En trois semaines seulement, le documentaire *L'Interdit*, oublié depuis treize ans dans les archives du web, a mis le feu aux poudres #MeToo en réactivant des douleurs tues. Les flammes de l'incendie tant attendu atteignent son réalisateur, l'interlocuteur de Benoît Jacquot, l'interviewer arrangeant, Gérard Miller. Car leur connivence n'a pas mis en colère que Judith Godrèche, mais aussi les victimes présumées du psychanalyste. Dont l'une a réagi en appelant le magazine *Elle*.

Avant la parution d'une enquête menée par deux journalistes du magazine féminin, Alice Augustin et Cécile Ollivier, dès le 26 janvier à 9 h 34 sur son compte X aux 73 300 followers, Gérard Miller écrit : « Deux journalistes du magazine *Elle* m'informent, sans me donner de précisions, qu'elles vont publier un article me mettant gravement en cause. Dès que j'aurai eu connaissance de l'article, je réagirai dans les meilleurs délais ici même. » En effet, dès potron-minet, à 7 h 10, le mis gravement en cause tweete une longue déclaration, qu'il envoie, d'après mes sources, à ses réseaux amicaux et professionnels. Je la lis attentivement et trois choses en particulier me frappent, qui, par la suite, vont aiguiller mon travail d'enquête.

D'abord, la problématique du consentement dont je perçois qu'il l'instrumentalise quand il écrit : « En ce qui concerne précisément les femmes qui me mettent en cause, si quelque chose leur a déplu lorsqu'elles étaient avec moi, je n'ai aucune hésitation à l'affirmer : rien de ce que j'ai perçu ne m'indiquait qu'elles voulaient mettre un terme à la situation, car sinon à l'instant même j'y aurais mis un terme. » En clair, il ne lui a pas semblé que les victimes disaient non, mais comme on se trouve là dans la fameuse zone grise… Ensuite, ses explications au sujet de l'hypnose apparaissent quelque peu expéditives après son livre *Hypnose mode d'emploi* et les plateaux de télévision où il évoque sa maîtrise parfaite de cette pratique.

Enfin, je m'intéresse de près au seul passage où, selon moi, Gérard Miller accepte de se remettre en question, d'admettre une position dominante, ce qui a dû lui coûter à lui, homme de gauche revendiqué, justicier dans l'âme, défenseur acharné des faibles et des opprimés : « Mais même si je trouve injuste l'article du magazine *Elle*, même si je sais qu'il n'y a jamais eu quoi que ce soit qu'on puisse qualifier d'agression sexuelle ou, pire, de viol, je n'en comprends pas moins, puisque c'est de ça dont parle l'article du magazine, qu'on puisse dire qu'un rapport inégalitaire existait objectivement dans les relations que je pouvais avoir avec des femmes plus jeunes que moi, et ce avant même que je n'ouvre la bouche et ne prenne la moindre initiative. Psychanalyste, universitaire, auteur, chroniqueur télé et radio, j'étais de fait un "homme de pouvoir", et il y avait dès lors une dissymétrie "objective", dont on peut se dire aujourd'hui qu'elle était purement et simplement rédhibitoire. » En même temps que sa réponse est parue dans l'édition papier de *Elle* l'enquête dont il est l'objet. En donnant la parole à plusieurs victimes présumées de Gérard Miller, Alice Augustin et Cécile

Ollivier ont mis au jour une répétition d'agressions sexuelles et viols présumés, souvent sous hypnose.

Pour moi, il est évident qu'Armelle doit elle aussi parler, qu'il lui faut ajouter son témoignage aux autres déjà collectés par les journalistes de *Elle*. Porter plainte, même, peut-être. J'ai entendu dire qu'il y avait beaucoup d'agresseurs en liberté, que le taux de classement sans suite des plaintes pour viol était monstrueux. Au cours de la deuxième partie de mon enquête, en avril 2024, un chiffre officiel, repris par la presse, de 86 % est avancé. Ça fait plus de vingt ans que l'histoire d'Armelle me tourmente, et vingt ans que lui s'exhibe sous les projecteurs. Si, à l'époque, j'avais réussi à convaincre Armelle d'aller porter plainte, ça l'aurait peut-être arrêté, il n'y aurait pas autant de victimes présumées.

Alors, le 1er février 2024 au matin, j'envoie un message à Armelle : « J'y ai pensé toute la nuit, comme toi, je suppose, je te donne mon numéro. Chloé » Comme elle ne m'appelle pas et que je ne suis pas d'une nature patiente, à 14 h 30, je me lance. J'argumente, je fais référence aux autres victimes, à son silence de vingt ans, à la libération possible, à sa participation à un mouvement plus grand que nous. Je l'entends hésiter, se débattre contre sa vieille peur, renoncer puis se pousser, accepter timidement, accepter. Elle m'avoue qu'elle n'ose pas contacter les journalistes de

Elle. Ensuite, elle me parle du journal intime qu'elle a tenu jusqu'à ce soir de mai 2003. Elle m'en lit la fin, le pire. Je l'entends sangloter et je la revois, éplorée, dans l'escalier. Après avoir écrit ce qui s'était passé, elle a refermé pour toujours son carnet.

Dans la journée de ce 1er février 2024, je récupère les numéros de portable des journalistes de *Elle* auxquelles j'envoie un texto très sobre du genre : « J'ai une copine qui a été victime de Gérard Miller. » Cinq minutes plus tard, Alice Augustin me téléphone et je lui explique en deux mots. Je précise qu'Armelle a encore des réticences, qu'elle voudrait s'assurer de rester anonyme. Je ne lui cache pas que je suis moi-même journaliste. Ça ne la dérange pas, elle comprend que j'essaie surtout d'aider Armelle à parler. Je fais le lien pour qu'elle rejoigne les victimes présumées recensées par *Elle* et qu'elle se sente moins seule.

À ce moment-là, je n'ai pas du tout en tête de me mettre à enquêter sur le sujet, je suis concentrée sur Armelle. Mais le 6 février 2024, Mediapart publie une enquête (« Dix nouveaux témoignages contre Gérard Miller, une plainte déposée ») réalisée par Sarah Brethes et Marine Turchi, qui ajoute des témoignages de victimes et pointe la similitude des récits, alors qu'elles ne se connaissent pas et n'ont donc pas pu dupliquer des éléments. À 11 h 55, le mis en cause se défend une nouvelle fois via X dans « une réponse à Mediapart ». Le lendemain, le 7 février 2024, à 8 h 34, il est obligé de récidiver après un deuxième volet de l'enquête de *Elle*, encore plus incriminant que le premier, avec des dizaines de « témoignages accusatoires », selon ses mots. Sa plaidoirie ne varie pas : il reconnaît « une dissymétrie qui [lui] semblerait à présent rédhibitoire » et jure s'« être toujours assuré du consentement des femmes ».

Je me souviens m'être dit que les lecteurs de *Elle* et de Mediapart, ça ne suffisait pas. Il fallait que tout le monde sache, il fallait mettre les méfaits de Gérard Miller en images et diffuser sur une chaîne du service public. Je me souviens m'être dit qu'il fallait dévoiler l'agresseur sous ses habits de vedette et sur son propre terrain, la télé. Le 8 février 2024, j'appelle deux sociétés de production que je sais alimenter *Envoyé spécial*, l'émission mythique de reportages sur France 2, avec qui j'ai déjà plusieurs fois collaboré. Mon amie Floriane Chaume y travaille et je sais qu'elle est prête à m'aider car elle comprend à quel point ce sujet est important pour moi. Élise Lucet a entendu parler de ma proposition et lui demande mon numéro.

Le samedi 10 février 2024, dans la matinée, mon téléphone sonne : c'est Élise Lucet qui veut tout savoir. L'histoire avec Armelle, comment je vois l'affaire, comment je compte m'y prendre pour enquêter, etc. À l'issue de notre conversation, elle me dit « oui », elle me suit, elle prend le sujet, elle me prend un film de quinze minutes sur l'affaire Gérard Miller. Et, comme si elle m'avait entendu penser, elle énonce une phrase qui m'est restée en mémoire : « Je te prends quinze minutes, mais c'est la timeline qui parle. » Ce qui signifie, pour les non-initiés, que seule la richesse de mon enquête décidera de la longueur du reportage. Elle me prévient qu'elle n'ira pas à plus de vingt minutes. Mais moi, je sens qu'elle ira plus loin, à trente minutes, tant je perçois qu'elle est engagée, touchée par le sujet, motivée et motivante. Elle ne me lâchera pas, elle ira au combat avec moi, me soutiendra tout le long et cherchera des infos auprès de ses contacts. Ça va être dur, elle le sait, je n'ai que quinze jours jusqu'à la diffusion.

L'après-midi, j'ai appelé Armelle pour la prévenir que j'allais interviewer des victimes présumées de Gérard Miller dont elle, évidemment. Ce qui nous avait éloignées vient de nous réunir et ensemble, nous allons mettre en forme, en ordre, en mots un ancien cauchemar.

Le même jour, Gérard Miller a envoyé sa démission à Anaëlle Lebovits-Quenehen, la présidente de l'École de la Cause freudienne. On peut s'étonner au passage qu'il ait fallu dix jours pour officialiser la désolidarisation d'avec le cadet Miller, le honteux, malgré la gêne de ses membres et de l'ensemble de la profession. Comme on peut s'interroger sur l'absence de communiqué émis par « La Cause » – comme l'appellent ses adeptes. L'établissement a été fondé par Jacques-Alain Miller en février 1980, un mois après la dissolution par Lacan, en raison de dissensions internes, de l'École freudienne de Paris, qui datait de 1964. À peine créée, l'ECF est dirigée par Jacques-Alain Miller, Solange Faladé et Charles Melman. Mais, rapidement, de nouveaux conflits éclatent au sein du « triumvirat » dont le gendre et héritier du maître sort, sans surprise, gagnant. Il reste seul au pouvoir, développe et structure l'école de Lacan où sont formés des psychanalystes qui ont souvent commencé leur parcours à… Paris VIII, là où Gérard Miller, après avoir été maître de conférences en sciences politiques, dirige le département de psychanalyse tout en étant bien sûr membre de l'établissement de Jacques-Alain. Entre l'université et l'École de la Cause freudienne, le système mis en place par les deux frères leur permet de recruter, de former et de modeler des psychanalystes à leur façon. Et ils l'étendent à l'international, avec l'Association mondiale de psychanalyse, qui justifie des voyages en Amérique du Sud.

Si l'aîné demeure un psychanalyste respecté par ses pairs pour sa grande intelligence et son rôle déterminant dans la conservation de l'œuvre de

Lacan, le cadet compte, lui, des détracteurs qui lui reprochent de porter atteinte à la crédibilité de la psychanalyse en l'utilisant comme grille de lecture à la télévision et dans les médias en général. La révélation de l'affaire Miller n'a fait qu'attiser les critiques dans les rangs des analystes. Lesquels, d'après un article d'Élisabeth Roudinesco dans le *Libération* du 9 mars 2024[1], ont d'abord craint que la honte ne déteigne sur leur profession, que leur discipline ne souffre des répercussions d'une histoire scandaleuse, un an après celle du père Tony Anatrella, prêtre psychothérapeute accusé d'abus sexuels sur des garçons.

Plus que tous les autres, les psychanalystes de l'École de la Cause freudienne, auxquels il a été vraisemblablement demandé de ne pas parler aux journalistes, ont dû retenir leur souffle pendant dix jours. Le temps pour Gérard Miller, peut-être à la demande de son frère, de se décider à rompre officiellement ses liens avec l'établissement : « J'ai décidé de me retirer de toutes les structures administratives et professionnelles auxquelles j'appartiens. » Trois jours après, le 13 février 2024, sa décision est actée. Et la psychanalyse n'est à aucun moment stigmatisée à cause de lui. Contrairement à l'hypnose…

1. Virginie Bloch-Lainé, « Élisabeth Roudinesco : "Tout le monde voyait que Gérard Miller utilisait l'hypnose pour son propre plaisir" », *Libération*, 9 mars 2024.

Le dimanche 11 février 2024, le lendemain de l'appel d'Élise Lucet, j'ai pris ma valise et je suis montée dans un train pour Paris depuis Marseille. Dès le lundi matin, j'étais dans les bureaux de la société de production située dans le 10e arrondissement de Paris. Le rédacteur en chef a eu la bonne idée, devant l'ampleur de la tâche et le délai, de recruter une partenaire parfaite pour m'aider : Lucie Rémy. Volontaire, énergique et assez fine pour être la coéquipière idéale, qui m'aide sans vouloir prendre trop de place dans une enquête que j'ai amorcée et qui est importante pour moi, plus que d'habitude encore. Car elle n'appartient pas seulement à mon travail, à ma mission de journaliste, mais à ma vie, à mon passé.

Notre premier rendez-vous est évidemment fixé avec les journalistes de *Elle* au restaurant d'un hôtel du 10e arrondissement, *Le Providence*, qui leur sert de cantine. Elles nous donnent des infos, nous décrivent le même scénario qu'elles ont repéré dans les différents témoignages, insistent sur l'utilisation de l'hypnose et la suspicion de soumission chimique pour certaines victimes qui parlent de « black-out », de se retrouver dans une pièce sans se rappeler comment y être allées. Elles nous confient le contact de jeunes femmes victimes.

Le même jour, je dois retrouver la mère d'Armelle gare de Lyon parce qu'elle a retrouvé dans le sous-sol de la maison familiale une cassette DV (un ancien format qui n'est plus en circulation) sur laquelle se trouvent les images de l'interview de Gérard Miller par Armelle et des coulisses de l'émission.

Je ne connais pas vraiment la mère de mon amie, je l'ai entrevue une ou deux fois quand j'étais plus jeune. Il y a vingt ans, je me souviens lui en avoir voulu de déconseiller à sa fille de porter plainte. Mais je ne suis pas certaine qu'Armelle ne m'ait pas alors menti pour se débarrasser de moi et de mon interventionnisme. Quand elle me rejoint sur le quai, elle me tend très vite la cassette dans son boîtier et, spontanément, nous nous prenons dans les bras, nous pleurons toutes deux. Pour sa fille, il est en train de se passer quelque chose de salvateur, elle le sait. Et puis, ce qui est resté tapi si longtemps peut enfin être avoué. Par chacun des protagonistes. Les victimes comme les témoins.

Il faudra vingt-quatre heures à la production pour rendre les images de la vieille cassette DV visibles et exploitables dans le sujet. Sauf que ce n'est pas la bonne cassette. Coup dur, je fais défiler les images. Des interviews, des chroniqueurs de l'émission, le plateau, et une image furtive de quelques secondes de Gérard Miller dans la régie. Mais où est cette interview dont Armelle m'a tant parlé ? Armelle envoie à nouveau sa mère chercher dans les cartons une deuxième cassette sur laquelle elle est certaine que l'on voit Gérard Miller lui proposer d'aller boire un verre. Cette cassette était restée dans sa boîte pendant plus de vingt ans dans le grenier, sans que personne n'y touche. Elle était poussiéreuse mais si précieuse. Une preuve (aujourd'hui détenue par la brigade des mineurs) va coûter un autre voyage en train à sa mère qui me la remet le mardi. J'ai beau la visionner plusieurs fois, aucune trace de l'invitation mentionnée par Armelle. Je sais que sa mémoire est morcelée parfois, c'est le plus grand problème des personnes ayant vécu un traumatisme. Mon amie est déçue tandis que moi, je me réjouis d'avoir obtenu des images pour monter mon sujet, des images qui attestent en outre que l'interview de Gérard Miller par Armelle existe. Avec cette pièce à conviction, il ne pourra pas nier qu'il la connaît, qu'il l'a rencontrée.

En échangeant par téléphone avec d'autres femmes qui ont eu le malheur de croiser la route de la célébrité du PAF, je me rends compte qu'elles sont nombreuses à avoir été accostées alors qu'elles assistaient dans le public à *On a tout essayé*, l'émission présentée par Laurent Ruquier. Sept ans durant (2000-2007), Gérard Miller a fait partie des chroniqueurs, ceux que l'on a appelés la bande à Ruquier, dans le rôle de l'intellectuel de gauche qui invective et ironise et celui du psychanalyste qui fait le « portrait freudien » des invités.

Apprécié de Laurent Ruquier qui le faisait venir plusieurs fois par semaine, il aurait touché un salaire exorbitant d'après une enquête du *Parisien*[1] signée par Benoît Daragon et Kevin Boucher. « C'était le mieux payé de la bande avec Pierre Bénichou et Christine Bravo. Bien au-delà des 1 500 euros par émission que touchent en moyenne les autres », leur confie une source.

Sur l'échiquier *On a tout essayé*, Gérard Miller fait figure de pièce maîtresse, puissante et presque omniprésente. Ses pouvoirs ont bien été décuplés chez Laurent Ruquier. Sa présence régulière à l'antenne, son temps de parole, son enrichissement personnel, on le conçoit, ont propulsé son ego, son sentiment de souveraineté. C'est donc là, sur le plateau de cette émission, qu'il se sent le plus fort. C'est son territoire, en quelque sorte, où il serait le plus à l'aise pour aborder des jeunes filles.

Compte tenu du nombre de jeunes filles, de la récurrence de la drague sur le plateau, nous orientons d'abord l'enquête du côté de la production de l'émission et des chroniqueurs. Ils ont forcément

1. Benoît Daragon et Kevin Boucher, « Qui est vraiment Gérard Miller, le psy du PAF visé par les accusations de viols ? », *Le Parisien*, 29 février 2024.

été témoins, ils n'ont pas pu ne pas voir, ils auront des choses à nous raconter. Nous récupérons les contacts de plus de quatre-vingt personnes qui ont travaillé pour *On a tout essayé* à des postes très différents, en régie, sur le plateau, à la sécurité, dans les bureaux, des ingénieur·e·s du son, cadreur·euse, coiffeur·euse, assistant·e·s, costumier·ère·s, etc. Et, bien entendu, nous nous apprêtons à contacter les autres chroniqueurs et le chef de bande, Laurent Ruquier. Naïvement, nous les imaginons offusqués, choqués et tout disposés à nous parler.

Rapidement nous constatons qu'il y a dans la production de la quotidienne deux castes : la productrice, le présentateur, les chroniqueurs d'un côté ; et, de l'autre, ceux de l'ombre. Et la dominante ne sera pas la plus encline à nous parler. Je le mesure dès mon premier coup de fil.

Car j'appelle d'abord la boss de *On a tout essayé*, Catherine Barma, fille du réalisateur Claude Barma et papesse de l'émission de divertissement, qui a produit deux des trois grands talk-shows à fortes audiences des années 2000. C'est avec Thierry Ardisson comme animateur qu'elle établit sa carrière de productrice en 1985 et la continue avec *Bains de minuit*, *Lunettes noires pour nuits blanches* et à partir de 1998 jusqu'en 2006 *Tout le monde en parle*, le samedi soir sur France 2, en deuxième partie de soirée, avec des chroniqueurs, dont Laurent Ruquier. Le succès de l'émission repose sur la liberté de ton de l'animateur et de ses chroniqueurs, sur l'éclectisme des invités et la flamboyance du show qui doit empêcher les téléspectateurs de s'endormir à une heure tardive. Les audiences sont telles que tout le monde veut être invité. Rien de mieux qu'un passage chez Ardisson pour faire vendre un film, un livre, un spectacle, une idée. Les programmatrices qui travaillent avec Catherine Barma sont harcelées par les attaché·e·s de presse et ce même si l'expérience d'une interview sans concession, très rigoureusement renseignée (les fameuses fiches de Thierry Ardisson préparées par des assistantes dévouées) et des blagues moqueuses des chroniqueurs peut se révéler désagréable. Venu faire la promotion d'un livre, Michel Rocard s'est entendu répondre à la question « Et sucer, c'est tromper ? » : « Non plus. » Le principe, chez Ardisson, c'est que tout est permis pour que tout le monde en parle. N'importe qui devient expert du moment qu'on lui pose un micro et ce qui se dit n'a plus besoin d'être vrai mais spectaculaire. Il y a vingt ans, les complotistes étaient déjà conviés sur les plateaux TV pour défendre leur théorie. Le 16 mars 2002, Thierry Ardisson recevait par exemple Thierry Meyssan qui affirmait dans un livre qu'aucun avion ne s'était écrasé sur le Pentagone et que l'attentat du 11 septembre 2001 était le fait d'une « faction du complexe militaro-industriel ».

D'une voix rauque et autoritaire, avec flair et savoir-faire, Catherine Barma contrôle tout, valide ou met au ban chroniqueurs comme invités et surveille l'enregistrement de l'émission debout derrière le rideau rouge du studio de la Plaine Saint-Denis. Elle ne lésine pas sur les moyens humains et matériels, les invités bénéficient de loges confortables, où du champagne et des canapés les attendent, et de taxis qui les prennent et les ramènent. Rien n'est trop beau, c'est l'âge d'or des talk-shows. Car, en 2000, face à Ardisson, s'installe Marc-Olivier Fogiel avec son émission en direct sur France 3 *On ne peut pas plaire à tout le monde*, produite par lui-même via le PAF et diffusé en deuxième partie de soirée, d'abord le vendredi puis le dimanche. Les attaché·e·s de presse ont à choisir entre *Tout le monde en parle* et *On ne peut pas plaire à tout le monde* : être invité dans l'une, c'est être refusé dans l'autre.

En même temps que Marc-Olivier Fogiel entre dans l'arène du talk-show, Catherine Barma produit une émission quotidienne au titre qui use elle aussi du « On » avec son nouveau protégé, rencontré une dizaine d'années plus tôt, Laurent Ruquier. C'est la naissance de *On a tout essayé* sur France 2 qui va durer sept ans et qui sera remplacée un an après par *On n'a pas tout dit*, enregistrée elle aussi au

Moulin-Rouge. S'ensuivent *On ne demande qu'à en rire* (2010-2012), *On n'est pas couché* (2006-2020), où vont défiler et accéder à la notoriété des chroniqueurs tels qu'Éric Zemmour, Éric Naulleau, Léa Salamé, Yann Moix, Audrey Pulvar ou Christine Angot.

Le tandem Barma-Ruquier tient le haut du pavé télévisuel pendant vingt ans. Mais en 2022 l'animateur décide de changer de producteur pour lancer à la rentrée *On est en direct*. C'est en très mauvais termes qu'ils se séparent : ils commencent par échanger des amabilités dans les médias puis passent à l'action en justice. Laurent Ruquier attaque le premier et réclame 300 000 euros, mais il est débouté en juin 2022 et condamné par le tribunal de commerce à payer 780 340 euros à Catherine Barma, en compensation des dommages causés par l'arrêt de l'émission à sa société Tout sur l'écran.

La productrice n'est pas du genre à flancher ni à se remettre en question. Plutôt à frayer sans gêne avec le scandale. Elle a contribué à donner la parole, donc un pouvoir, à des chroniqueurs sulfureux comme Éric Zemmour ou Yann Moix (dont elle produit une saison de l'émission *Chez Moix* avant d'y renoncer au moment de la sortie d'écrits de jeunesse qualifiés d'antisémites). Quelques années plus tôt, c'est un chroniqueur de *On a tout essayé* qui fait l'actualité, rubrique faits divers. Au cours de la dernière saison de la quotidienne, l'ancien porte-parole des Verts et fondateur du CRAN (Conseil représentatif des associations noires de France), Stéphane Pocrain avait été accusé de violences conjugales par son ex-compagne et finalement condamné en 2008 à deux mois de prison avec sursis. Catherine Barma a une réputation qui la précède dans le milieu, il est dit d'elle qu'elle n'est pas facile.

Avant d'appeler des témoins dans une enquête, on se demande toujours comment on va être accueilli. Notre conversation sera très brève. Je peux même lui décerner la palme de l'interview la plus fulgurante de toute l'enquête :

– Oui ?

– Oui, bonjour, Chloé Vienne, je suis journaliste et nous réalisons un reportage pour *Envoyé Spécial*, je vous dérange ?

– Euh, ça dépend.

– Ah ah, ben vous allez me dire. Voilà, on fait un reportage sur les révélations sur Gérard Miller.

– Ah ! Ah ah, évidemment, il fallait que ça arrive, ça ! Euh vous allez appeler… je vais vous donner un num… je vais vous envoyer… j'ai votre téléphone, je vais vous envoyer le numéro de quelqu'un qui va vous donner tout ça.

– D'accord, et vous… ben, c'est gentil, déjà, et vous, vous avez un sentiment sur l'affaire ?

– Non, non, vous êtes très forts, *Envoyé spécial*, vous faites de très bons reportages mais je préfère que vous parliez avec elle, j'ai tout mis au point. Voilà.

– D'accord…

– Bonne journée, au revoir.

Bip bip bip bip…

– Merci, au revoir.

Si la conversation avec la productrice de *On a tout essayé* est très rapide, elle n'en est pas moins édifiante. Avec Lucie, nous sommes très excitées à l'idée que Catherine Barma va peut-être nous faire des révélations… La première réplique de Catherine Barma me surprend, et je sens qu'elle aussi. Elle s'est probablement rendu compte qu'elle avait été très spontanée et avait, d'office, tout dit, tout lâché en une phrase, balancé ce que je voulais vérifier : elle aurait été au courant de ce que son chroniqueur faisait et s'attendait à ce qu'un jour, tout le monde en parle. Peut-être cette réaction – est-ce un aveu ? je me le demande encore et, tout au long de mon enquête, je me reposerai cette question – est-elle à mettre sur le compte des sentiments très mitigés de Barma pour Miller ? C'est ce qui me vient plus tard dans la soirée du mardi quand Lucie me débriefe ses entretiens avec des technicien·ne·s de plateau, ou est-ce simplement l'actualité qui fait qu'elle se doutait que des journalistes allaient l'appeler. L'une d'eux, qui préfère rester anonyme pour garder son travail, se souvient que Catherine Barma « n'aimait pas tellement » Gérard Miller, qu'elle était agacée par lui et ne se gênait pas pour l'engueuler. Peut-être Laurent Ruquier a-t-il imposé son ami psychanalyste à la productrice ? Mais je ne crois pas : on n'imposait pas grand-chose à Catherine Barma. Par contre, les audiences, elles, auraient pu être un levier…

À l'époque, le témoin de l'agacement de Barma vis-à-vis de Miller n'est pas même majeur et subit à chaque fin d'émission les tentatives de drague du chroniqueur. Les membres de l'équipe dans laquelle elle travaille ont l'habitude d'assister à ses assauts puisque, malgré son indifférence affichée, Gérard Miller s'obstine. Elle, elle le trouve particulièrement lourd. Ce qui jette un doute sur ses déclarations d'homme pris dans la tourmente où il certifie n'avoir jamais insisté quand une femme lui donnait une fin de non-recevoir.

Alors qu'un jour, elle se promène avec une amie dans la rue, elle le croise et, bien sûr, il en profite. Il lui dit : « Tu ne peux pas refuser mon invitation, puisqu'on se croise. » Lui est accompagné d'une très jeune fille. C'est ce qui la motive à accepter de le suivre. Elle voudrait en savoir plus, la présence de cette gamine pique sa curiosité. Alors ils vont dîner tous les quatre. Pendant le repas, il se répand avec enthousiasme sur son livre *Hypnose mode d'emploi* qui vient de sortir. Nous sommes donc en 2002.

Justement, il voudrait tant leur faire partager une séance d'hypnose chez lui. La pratique jointe à la théorie. Comme il insiste, elles finissent par céder. Il les guide jusqu'au sous-sol, dans la salle de home cinéma où il se vante, fait son intéressant : « C'est là que je fais des soirées avec Laurent Ruquier et toute sa bande ! » Elles refusent le verre qu'il ne manque pas de leur offrir. Elles entendent qu'ils ne sont pas seuls dans la maison. Ce sont ses enfants, « sa progéniture », comme il les désigne devant elle que le terme choque, au point de s'en souvenir rigoureusement. Ensuite arrive la séance d'hypnose que les deux copines qui ont fumé un joint ont du mal à prendre au sérieux. Quand le maître de cérémonie leur parle d'une plage, d'un sable chaud, d'un homme qui arrive, elles le trouvent ridicule.

La technicienne arrête la séance et suit la jeune fille qui s'est éclipsée aux toilettes. Comme si elle la sentait en danger, elle lui propose de partir ensemble après lui avoir demandé ce qu'elle faisait là, à son âge, chez ce type. D'après elle, la jeune fille aurait répondu que Miller était son psy, qu'il était vraiment gentil. D'ailleurs, ses parents étaient au courant et heureux qu'elle passe autant de temps en sa compagnie, qu'elle entretienne avec lui une relation privilégiée, qui passait visiblement par le fait de l'emmener à des soirées et de lui présenter des chroniqueurs de la bande. Elle l'aurait mise en garde sur la dangerosité de son psychanalyste et le fait qu'en dehors de ses séances, elle n'était pas censée traîner avec lui.

De retour dans la pièce, l'hypnotiseur est de mauvaise humeur : sa séance a échoué à cause d'elle et de sa copine. Et il ne se prive pas de le dire. Il appelle un taxi pour se débarrasser des deux mauvaises élèves. Pour le payer, il leur jette de l'argent à la figure. D'abord, elle veut refuser puis elle accepte. À partir de ce jour, il n'aurait plus jamais essayé de l'approcher.

Son récit m'indique que Miller a parfois échoué. J'essaie de saisir ce qui l'a empêchée, elle, de tomber dans le panneau. Elle semble sûre d'elle et, surtout, elle n'est pas impressionnée, aucunement fascinée par une star qu'elle voit tous les jours. Elle bosse à la fois pour *On a tout essayé* et pour *Vivement dimanche* où il officie aussi avec Michel Drucker. Elle a beau être jeune, elle connaît déjà l'univers de la télévision, elle y travaille. Enfin et surtout, elle est prévenue de ses intentions : il l'a entreprise plusieurs fois avant cette soirée.

En plus, elle sait qu'elle ne serait a priori pas la seule à avoir été l'objet de ses intentions malhonnêtes. Elle l'a vu faire pendant l'enregistrement de l'émission : « Quand il y avait une pause, il se levait et allait dans le public. » Elle se souvient même qu'une fois « Ruquier l'avait repris en lui disant : "Bon maintenant, ça suffit, tu viens avec nous t'installer, ça suffit, Gérard !" ». Et puis elle a entendu des histoires troublantes comme celle d'un employé du Moulin-Rouge (où était enregistrée *On a tout essayé*) qui aurait déboulé pour passer un savon à Gérard Miller parce qu'il était allé voir sa fille ou celles de mères venues se plaindre de son attitude au Studio Gabriel où est tourné *Vivement dimanche* et pour exiger qu'il arrête de harceler leur fille.

Elle a souligné à plusieurs reprises que tout le monde voyait ses manœuvres sur le plateau puisqu'il ne se cachait pas. Dans son interview, une phrase a retenu mon attention : « Il regardait et une fois qu'il vous regardait il ne vous lâchait plus, avec ses petits yeux, une espèce de loup. » Sauf que le terrain de Miller est un plateau TV avec des jeunes filles qui, parce qu'elles font partie du public, sont à moitié conquises. Elles sont là pour voir l'émission de près, ses chroniqueurs, lui, Gérard Miller, adulé par les parents de sa génération pour son intelligence et son éloquence. Il est si complet, cet homme, si brillant, si décomplexé, content de lui, il s'exprime bien et fort, il sourit, il tacle, il fait rire, il fait le show. Il paraît que dans les dîners en ville, il est égal à lui-même :

bavard, très drôle, plein d'esprit, d'emphase et de certitudes.

Le journaliste Laurent Telo écrit : « Miller pouvait entrer dans une pièce en levant les bras comme le général de Gaulle : "Vive Gérard Miller !" C'est son frère aîné, Jacques-Alain, qui le lui rappelle quelquefois. Le malheur de Gérard, c'est qu'il a un frère aîné[1]. » Un frère aîné qui avait deux ans d'avance à l'école, était déjà érudit à l'adolescence et a été désigné par Jacques Lacan comme héritier. Le cadet est pétri d'admiration pour l'aîné, qu'il a suivi, imité, épaulé, mais il a dû batailler pour se distinguer, acquérir sa propre notoriété, sa légitimité quelque part, n'importe où. Contrairement à Jacques-Alain, Gérard Miller, lui, aime se donner en spectacle, monter sur scène, éblouir l'assistance, il fait tout pour qu'on le voie – mieux, qu'on le regarde. Dans son article, Laurent Telo fait parler des amis de l'histrion, dont Philippe Geluck, qui avoue sans rire qu'il organisait pour ses copains « des jeux super sympas », tel un gamin le jour de son goûter d'anniversaire.

Pour moi, c'est sa façon d'être un magicien, il fait exister ce qui n'existe pas ou plus. Il faut jouer, il faut vivre. Il y a tant de morts à compenser. Ses morts.

---

1. Laurent Telo, « De Michel Drucker à Jean-Luc Mélenchon, le complexe Gérard Miller », *op. cit.*

Car Gérard Miller, arrière-petit-fils de rabbin par son père, issu d'une famille de juifs polonais presque entièrement exterminée, se sent juif et survivant. À Jacqueline Remy en 2018 pour son portrait dans *L'Express*, il précise : « Je n'ai jamais eu ni grands-parents, ni oncles, ni tantes, ni cousins. Toute ma famille sans exception a été tuée par les nazis. » À Laurent Telo, il balaie les critiques qui lui reprochent de mélanger télé et psychanalyse d'un : « Moi, je parle sous le regard de ceux de ma famille qui sont morts dans les camps. Ces tantes, ces oncles, ces grands-parents que je n'ai pas connus, puisque seuls mon père et ma mère ont réchappé de la Shoah. » Dans « Portrait inattendu » sur Europe 1 en mai 2021, il avoue à Philippe Vandel que la seule chose qui « lui arrache les larmes », c'est l'évocation de « Tata », une Polonaise qui n'était pas sa tante puisque « toute [sa] famille est morte dans les camps », mais qui était un « substitut de celle qui aurait pu être [leur] tante » et qui avait connu sa famille disparue.

Dans les années 1930, ses parents ont quitté Varsovie pour Paris. Sa mère, Eve Milecka, qui est retournée voir ses proches à l'été 1939, monte dans le dernier train qui peut la ramener en France avant que la Pologne ne soit envahie le 1er septembre. Son père, Jean Miller, décide de ne pas se déclarer en tant que juif au commissariat et de ne pas porter l'étoile jaune. Dans un deuxième temps, il passe avec son épouse en zone libre où il exerce son métier de médecin puis rejoint la Résistance. À la fin de la guerre, en 1944, naît à Châteauroux leur premier fils, Jacques-Alain. Puis, en 1948, c'est au tour de Gérard de venir au monde à Neuilly-sur-Seine. Jean Miller s'établit d'abord en tant que généraliste dans le Marais, un quartier très populaire à l'époque. Il devient ensuite radiologue et déménage dans le 16e arrondissement avant d'ouvrir rue de Lisbonne l'Institut de radiologie de Paris. Pharmacienne de formation, la mère, elle, s'occupe de ses fils. La réussite professionnelle du père met sa famille à l'abri du besoin, mais pas de leur histoire, de leur passé qu'il garde muet. Les questions du petit Gérard sont laissées sans réponse. Alors qu'il n'a que quinze ans, il perd sa mère adorée, celle qui lui chantait des berceuses en yiddish et le câlinait. Son grand frère redouble d'attention et d'amour pour lui. Leur lien se renforce encore autour de cette perte immense. Dans son autobiographie, Gérard Miller écrit : « J'ai déjà laissé entendre le rôle décisif que Jacques-Alain avait joué dans ma vie. Il avait toujours exercé sur moi de l'ascendant et je l'aimais passionnément – comme chacun aimait l'autre dans notre famille que la guerre avait anéantie. Depuis le décès de notre mère (j'avais alors quinze ans), il était avec mon père mon principal soutien. Pendant toute notre enfance, Jacques-Alain n'avait jamais négligé son rôle d'aîné. »

Les deux frères Miller ont donc grandi avec un abîme qui les regardait. Un abîme dans lequel « le p'tit Miller » (son autre nom chez les Maos), a fini par tomber en voulant l'éviter.

J'ai composé le numéro donné par Catherine Barma, celui de son attachée de presse, muée par l'espoir qu'elle avait bien tout organisé pour que je récupère des infos sur Miller. Hélas, la jeune femme charmante et polie qui m'a répondu n'était pas du tout au courant d'un éventuel « dossier » à me remettre. Elle tombait des nues. Comme tant de témoins dans cette enquête…

L'avantage de la télévision à laquelle Gérard Miller participe, celle des talk-shows, c'est qu'elle nécessite un public en chair et en os pour faire décor, pour faire applaudir, pour faire plus vrai. La même jouissance narcissique qu'au théâtre, si ce n'est meilleure, avec un double public, le virtuel, immense et caché, l'audience, et l'autre, les spectateurs. Gérard Miller veut tellement être vu qu'il ne prend même pas la peine de se dissimuler. Au contraire, presque.

Peut-être a-t-il en tête l'une des considérations de Jacques Lacan, qu'il connaît bien : ce que l'on cache, c'est ce que l'on voit le mieux. Aussi ne se cache-t-il pas pour que l'on ne voie pas. Donnerait-il à voir la partie non répréhensible par la loi pour mieux dissimuler l'autre, la face obscure ?

À écouter les témoignages des « petites mains » du cirque Ruquier, le « divan marquis[1] » donnerait l'impression de disposer d'un ascendant sur l'ensemble des équipes. « Ce que je peux vous dire, c'est que quand l'info est tombée, beaucoup de messages ont circulé sur quelques petits groupes WhatsApp qu'on a encore, on était surpris que ça ait mis autant de temps à sortir mais on n'était pas étonnés du tout. Tous les jours on faisait le constat entre nous qu'il faisait son marché parmi le public, » confie l'un des techniciens de l'émission à Lucie qui relance d'un : « Son marché, c'est-à-dire ? » « C'est-à-dire qu'en fin de tournage, il traînait parmi le public, il y avait très régulièrement des jeunes filles qui assistaient à l'émission, qu'il faisait venir dans sa loge après le tournage. C'était un peu le truc qui nous dégoûtait tous quand on voyait ça, l'expression qu'on utilisait entre nous, on se doutait que ce n'était pas seulement pour leur faire visiter la loge, qu'il avait d'autres idées en tête. » Ce technicien a travaillé huit ans pour *On*

1. Emmanuel Poncet, « Gérard Miller. Le divan marquis », *Libération*, 10 janvier 2001.

a tout essayé sur le plateau et dans les bureaux et lui qui a beaucoup côtoyé les chroniqueurs met en avant le « dégoût » que lui inspirait le personnage.

Quand ma consœur Lucie fait remarquer à son interlocuteur ce manque de coopération des têtes de l'émission, Laurent Ruquier qui ne répond pas, comme Catherine Barma, elle note sur son cahier en le soulignant le commentaire du témoin : « Si elle vous dit qu'elle ne le voyait pas, ce serait quand même un peu surprenant. Les réalisateurs, les cadreurs, tout le monde savait. Il ne se cachait pas. Quand il arrivait sur le plateau, il était raide comme un piquet, on se foutait toujours de sa gueule, "il a un bâton dans le cul", il était raide. Comme il faisait le coq devant les jeunes filles du public, ça se voyait, tout le monde le voyait, tous les gens du plateau. » Un autre technicien contacté confirme les dires du premier : « Ça se voyait qu'il faisait ses courses. » Un autre témoin, auquel nous avons parlé, s'est comparé à une « maquerelle » à laquelle il aurait été demandé de sélectionner le public, de choisir des filles jeunes et jolies et de se soumettre elle-même aux désirs des chroniqueurs...

Ces gens du plateau (quatre-vingt) que nous appelons un par un étaient tous au courant, mais n'ont jamais pensé à le dire, à faire quelque chose. Pourquoi ? D'abord, parce que ceux que nous avons interrogés disent tous qu'ils n'étaient pas certains, n'avaient pas de preuves de ce qui se passait dans la loge, après la loge. Draguer n'est pas puni par la loi, disent-ils. Ensuite, parce que, comme ils le verbalisent très bien, ils sont les « petites mains » : « Ce n'est pas nous qui allions dénoncer les chroniqueurs face à Laurent Ruquier. » Et l'un d'eux ajoute : « Laurent Ruquier devait bien voir les choses qu'on voyait et il pratiquait Gérard Miller depuis plus longtemps que nous. » En effet, Laurent Ruquier, parrain de la plus jeune fille du chroniqueur, dit n'avoir rien remarqué. Il aurait été vain, peut-être dangereux, de lui signaler le comportement déplacé de son ami. Et cette classe dominante de la télé, théoriquement l'ennemie du « petit psy rouge[1] » va continuer de se taire. De ne rien dire, de n'avoir rien vu, de n'avoir rien su.

Après seulement deux jours d'enquête, le mardi soir, quand je rentre chez moi dormir quelques heures, dans la multitude d'informations récoltées, l'une me revient en croisant un groupe d'étudiants. C'est le technicien qui nous a dit à un moment que Gérard Miller invitait « des étudiantes qui allaient en cours ». En fait, ses deux terrains de chasse, ou « marché », étaient connectés. Il passait de l'une de ses réserves de jeunes filles à l'autre, il emmenait

1. Jacqueline Remy, « Gérard Miller, le petit psy rouge », *op. cit.*

celles de Paris VIII, ses étudiantes, aux spectacles du Moulin-Rouge, il les transposait d'une salle de cours aux coulisses d'une émission télé. Comme s'il avait fait disparaître le cadre, comme s'il préparait la confusion. Son récit prouve en outre que plusieurs proies en même temps ne lui font pas peur, au contraire. Nous commençons à recueillir des histoires dans lesquelles elles vont à deux chez lui. C'était le cas d'Armelle, par exemple.

En fait, il les mélangeait toutes et il mélangeait tout, le prof, le chroniqueur, le psy, l'hypnotiseur, les âges, les temps.

3

Piégées en série

« Rien à dire sur Gérard. »
Isabelle Mergault

Vingt ans ont passé. Armelle a perdu ses rondeurs de jeune fille, elle est devenue très fluette, son visage est plus nettement dessiné. Elle a conservé ce beau sourire, ce charme doux qui me la rendaient si touchante. Pour nous retrouver, nous nous voyons un peu toutes les deux avant que l'équipe de tournage n'arrive. Et c'est émouvant, bien sûr, d'aller ensemble au bout de cette histoire, pour elle de clore peut-être le pire chapitre de son existence, pour moi de balayer une ombre et de faire mon travail, recoller les bouts du film, comprendre, permettre à la vérité de se montrer entièrement, redonner la parole à celles à qui elle a été amputée.

Mais je ne veux pas qu'Armelle me raconte avant le tournage, je ne veux pas qu'elle perde de sa spontanéité et de son énergie. J'ai conscience que pour elle, c'est une épreuve d'être filmée aujourd'hui, même s'il est question de flouter son visage. Une caméra, nous avons tendance à oublier combien c'est agressif. Alors, deux… Le choix de tourner chez Lucie, dans un appartement confortable et joli, et le fait de me connaître n'allègent pas tant la frayeur de mon amie : qu'elles sortent de ma bouche ou pas, ces questions que je vais lui poser sur ce qui s'est passé, elle les redoute. En parler lui coûte, en parler la ramène à ce qu'elle a, comme les autres, tenté d'occulter vingt ans durant. S'exprimer quand on s'est tu pendant si longtemps donne le vertige. Et si en disant, en se souvenant, on tombait d'encore plus haut ? Armelle m'a expliqué que, depuis vingt ans, elle n'avait pas confiance, qu'elle avait peur qu'on l'approche. Elle est devenue méfiante, elle a été traumatisée. Elle m'a raconté combien c'était difficile pour son petit ami et père de ses deux garçons de vivre avec elle.

Elle dit combien elle a de la chance d'avoir rencontré un homme assez gentil et patient pour supporter ce qui ne va pas. On ne peut plus la toucher comme ça, même légèrement, comme on peut le faire entre amis ou amoureux. On ne peut plus être gentil avec elle sans qu'elle se demande ce qu'on veut lui prendre. On ne peut plus l'aimer sans qu'elle se braque. Je découvre les conséquences, je les entends, je les vois. Armelle, pour ne plus jamais tomber dans des filets, dans un piège, est devenue sauvage. Elle redoute qu'un jour son amoureux se lasse de ses doutes, ses crises, ses pleurs, de ce qui ne va plus chez elle depuis ça, depuis le jour où elle a connu Gérard Miller.

À la rédaction nous avons hésité sur qui ferait cette interview, Lucie ou moi. Mais c'est Armelle qui a résolu le problème. Elle voulait que ce soit moi, c'était sa condition. Un exercice difficile pour nous deux. Je dois me méfier de ma proximité avec elle, de mes affects et de mes souvenirs, qui pourraient ne pas être les mêmes que les siens. Dans mes réactions à ses réponses, entre autres, je pourrais être touchée, choquée, ne pas oser la relancer quand je sens qu'elle a mal, être tentée de corriger ce qu'elle énonce. Il va falloir que je me surveille, que je reste concentrée, que j'oublie ce que je sais d'elle, de cette histoire, que j'efface tout afin d'être la plus réceptive possible, alerte, sur la brèche. Il va falloir tenir ma ligne, ne pas faiblir quand ce sera dur à entendre. S'entretenir avec des femmes qui ont subi des violences implique de la délicatesse, une sorte d'empathie froide qui ouvre à la perception sans brouiller la vue, une souplesse dans la manière de mener ses questions.

J'étais étudiante à Paris VIII. C'était en mai 2003, j'avais à peine dix-neuf ans et je l'ai rencontré dans le cadre d'un travail universitaire qu'on avait décidé de faire avec une amie sur l'émission On a tout essayé. *On savait qu'il était prof à la fac, donc c'était beaucoup plus simple. Il nous a proposé d'aller faire ça directement chez lui. Donc du coup, on était très fières. On était surprises que quelqu'un de sa notoriété nous propose d'aller chez lui. Donc on y est allées avec notre petite caméra, caméscope de l'époque. On a fait l'interview, tout s'est très bien passé, on l'a trouvé cool. Et ensuite, il nous a invitées à manger une pizza dans un petit resto pas loin de chez lui. Et alors je me souviens que pendant qu'on mangeait, il y avait des filles attablées à côté de nous et qu'il était très fier d'être avec des nanas, de jeunes nanas. Il dragouillait un peu les filles de la table d'à-côté. On sentait qu'il était comme un coq de sa notoriété. On est retournées chez lui, il nous a servi à boire. Une bière. Le père de mon amie l'a appelée. Il est venu la chercher. Donc moi je suis restée seule avec lui. Et donc, il nous a fait visiter sa maison, je sais plus si j'étais seule ou si j'étais avec mon amie à ce moment-là. Il a un sous-entendu pendant l'interview disant qu'il allait peut-être nous inviter boire un verre ou je sais plus comment il l'avait formulé. Et puis parce que voilà, il avait l'air tellement normal à la télévision que j'étais surprise qu'il ait envie de passer la soirée avec moi. Mais je n'étais pas plus en alerte que ça. Après avoir fait visiter les lieux, il m'a proposé d'aller au premier étage me montrer une salle de relaxation japonaise. J'avais complètement oublié à ce moment-là qu'il nous avait parlé de test d'hypnose. Quand on est rentrés dans la pièce, il m'a demandé de m'allonger sur le lit donc pour faire de la relaxation. Donc j'avais plus l'hypnose en tête. Euh. Voilà. Et. Et du coup, bah quand j'étais allongée. Il s'est mis à me dire quoi ? Il s'est mis rapidement, je pense, à califourchon sur moi ou assis sur moi et il me caressait tout le corps. Et il me parlait. Et alors, il m'a demandé de fermer les yeux, de m'imaginer sur le sable. Mais étant donné qu'il était en train de me caresser tout le corps, moi je n'écoutais pas vraiment ce qu'il disait. Mais effectivement, avec le recul, c'était quelque chose qui ressemblait à de l'hypnose quoi. Des discours, de sentir la chaleur, être sur le sable. Je sens le vent aussi sur moi. Mais son discours s'est rapidement mélangé à des questions très privées sur ma vie. Il mélangeait des techniques d'hypnose. Je n'avais pas conscience à l'époque que c'étaient des techniques d'hypnose, des séances de psychothérapie. Il m'a mise, je l'ai compris plus tard, en situation de vulnérabilité puisqu'il appuyait sur des choses sensibles et très personnelles et douloureuses. Voilà. Et qui m'ont déstabilisée. J'étais. J'étais très déstabilisée. Je me rendais compte que j'étais en train de lui balancer toute ma vie, lui déballer toute ma vie. Et du coup, je me demandais si ce n'était pas en train de prendre la tournure d'une séance de psychothérapie. Et donc de là, il m'a demandé si je pouvais me lever tout en fermant les yeux, tout en gardant les yeux fermés. Et. Et il a attrapé un kimono qui était accroché au mur et il m'a demandé si je pouvais l'enfiler. Donc j'étais super gênée. J'étais super gênée, je comprenais pas bien. Euh. Alors je me suis dit ça fait peut-être partie du processus de relaxation. Donc, tant que, je l'ai fait. Dans ma tête, il y avait 36 000 questions. Qu'est-ce qui se passe ? Pourquoi je dois mettre un kimono ? Pourquoi il me caressait ? Pourquoi il était assis sur moi ? Pourquoi il me fait raconter ma vie ? Pourquoi il appuie sur des thèmes et des choses aussi personnelles ? Je comprenais plus rien en fait. Et donc, quand il m'a filé le kimono rapidement, il m'a demandé si je pouvais enlever mon pantalon. Donc pareil, là je comprends pas, je suis complètement perdue. Je sais pas pourquoi je le fais. Le kimono était trois fois trop grand pour moi et il fermait pas. Donc c'était surréaliste. J'étais en culotte dedans. Vous me voyez en culotte sous le kimono ? Et voilà. Et donc je me suis rallongée. Et là, il a commencé à me masser les cuisses. Euh. Et il m'a demandé d'enlever mon tee-shirt. Il m'a demandé si je voulais bien enlever mon tee-shirt et pareil, comme un peu sidéré quoi. J'ai des questions qui se bousculent dans la tête. Je sais, c'est normal, c'est pas normal. Qu'est-ce qui se passe ? J'ai un peu l'impression d'être un robot, une espèce de poupée de sang. Je savais pas comment arrêter, jusqu'où ça allait aller. J'ai enlevé mon tee-shirt. Effectivement, on est un peu comme un robot. Et donc de là, il m'a dit qu'il regardait pas en plus, c'est ça qui est assez étonnant. Est-ce que tu peux enlever ton tee-shirt ? Je ne regarde pas. Euh. Donc j'ai enlevé mon tee-shirt et puis il m'a dégrafé le soutien-gorge et il a passé sa main sur mes seins. Et euh. Il y a un moment donné quoi, plusieurs moments. Il y a deux ou trois fois, il partait voir son fils qui devait être dans la pièce d'à côté et moi je restais là sur le lit avec mes questions. Je n'osais pas partir et. À un moment donné, il est même parti chercher de l'huile de massage. Il y avait. Il y avait de l'encens dans la pièce et. Et donc il m'a étalé cette huile sur tout le corps. Et puis il est descendu et il m'a baissé le derrière de la culotte. Et donc de là, il me masse les fesses et. Et c'est au moment où il commençait à descendre de plus en plus que j'ai eu comme un coup, comme un réflexe de survie. Je ne sais pas si je lui disais que j'étais gênée, mais je sais que je l'étais et que ça se voyait parce qu'il n'arrêtait pas de me dire de me relaxer. Il me disait que j'étais impossible à relaxer et souvent il me demandait de détendre le front parce que j'avais le front plissé. Et je sais qu'à plusieurs, plusieurs reprises, il me disait que j'étais tendue et qu'il fallait que je me détende. Et je me souviens qu'il me disait aussi que j'avais la peau douce. Pourquoi j'ai pas souvenir qu'il m'a demandé un seul moment si j'étais d'accord. Mais j'avais l'impression d'être un peu la mauvaise élève qui était trop crispée et qui n'arrivait pas à se détendre. Ben au moment voilà. En fait, c'est que quand il commençait à me masser les fesses et qu'il m'avait déjà baissé la culotte et massait les fesses, et il descendait de plus en plus vers l'autre partie, intime. Et c'est à ce moment-là où j'ai eu comme un réflexe de survie. Je me suis dit, je me suis levée d'un coup et j'ai dit « Là, non, c'est pas possible. Moi je suis beaucoup plus à l'aise en jogging basket, je veux. Là, je comprends pas trop ce que je fais là comme ça. » Et donc de là, son visage s'est un peu figé et il avait un ton qui était beaucoup moins langoureux que ce qu'il avait jusqu'ici. Il prenait une voix un peu sensuelle qui me. Qui me hérissait. Et là, d'un coup, il m'a dit, quand j'ai stoppé, je lui ai dit que j'étais plus à l'aise en jogging baskets et il m'a regardé et m'a dit « Pourtant, tu n'en avais pas l'air ! » En fait, je ne bougeais plus et j'étais comme prisonnière de mon corps. Ma tête était en effervescence totale. C'était un brouillard pas possible dans ma tête. Mais mon corps, lui, il bougeait plus. Pour vous, il est maître du jeu en fait. Ce qui veut dire qu'il fait ce qu'il veut de vous. Ne serait-ce que par la position. Je suis allongée sur un lit et il est assis sur moi. Donc déjà là, il y a une domination. Après, le fait de m'avoir, d'avoir touché à des choses personnelles et d'avoir cherché à toucher là où ça faisait mal dans la vie d'un homme, d'une jeune femme de dix-neuf ans qui est là. C'est souvent un âge où on est en quête de sens et où on se pose plein de questions. Donc déjà, rien que ça, lui, de par sa notoriété et puis son, comment dire, son expertise en psychanalyse. Là déjà, le rapport, pour reprendre ses mots, il est dissymétrique parce que, parce que moi, là, je suis rien. En fait, je suis, je suis une étudiante, voilà. Et lui est très connu. Très intelligent donc. Sachant qu'en plus je suis allongé et qu'il est sur moi, il y a un rapport de domination indirectement qui se crée, de soumission. Donc effectivement j'ai l'impression d'être un peu sa chose. Oui ça c'est sûr, mais je suis toute jeune, je me demandais quand même si les caresses étaient thérapeutiques, parce que pour moi c'était tellement inimaginable qu'un homme de son âge et de sa notoriété puisse avoir un désir pour une jeune fille qui avait l'âge de ses enfants. C'était tellement inimaginable que je me refusais d'y croire. Quand j'ai arrêté net ce qu'il était en train de faire, il m'a proposé de dormir sur ce lit pour la nuit. Et ensuite, quand on était dans la cuisine ou je sais plus où dans l'entrée, avant que je parte, de me dire que mon amie et moi on était les bienvenues chez lui et qu'on pouvait dormir chez lui quand on voulait. Ensuite, je suis partie de chez lui. Donc quand je suis sortie de chez lui, il me dit : « Voilà, tiens-moi au courant, envoie-moi un mail pour savoir quand est-ce que tu vas à l'émission. » Donc c'est lui qui en sortant de chez lui... Je lui ai dit que je le ferais. Ben en fait déjà, déjà, j'avais dû oublier ma veste, donc il m'a rappelée sur mon téléphone. Donc là déjà, quand j'ai vu qu'il m'appelait et que je venais de sortir de chez lui, je me suis mise à trembler. J'étais terrifiée à l'idée de retourner chez lui pour aller récupérer ma veste. Et donc il me l'a donnée dans sa cour. Et donc là, voilà, quand je suis sortie de chez lui, après c'était le brouillard total.*

Donc deux jours après, il m'a envoyé un texto, un SMS pour me demander quand est-ce que mon amie et moi on venait à l'émission. Je, j'ai fini par y aller à une émission parce que j'avais déjà besoin de terminer le reportage. Et puis je pense besoin de comprendre encore. Je me suis dit qu'en le revoyant, ça m'aiderait peut-être à y voir plus clair. Et donc j'y suis retournée un mois, un mois après. Je me souviens que sur le plateau, il y avait les chroniqueurs. J'étais derrière Isabelle Alonzo qui a fait une allusion, je sais plus exactement comment elle l'a dit, mais elle nous a dit en riant : « Vous êtes venues avec Gérard, faites attention, c'est un coureur » ou je sais plus. Donc là, moi je n'avais qu'une envie, c'était de tout lui dire, même si je pense que voilà, je ne sais pas dans quelle mesure elle savait, mais elle savait au moins que c'était un coureur. Et donc, donc, l'émission se déroule Ensuite, on devait interviewer les chroniqueurs et je me souviens, je ne sais plus si on allait dans sa loge ou pas. Et je me souviens qu'il y avait deux jeunes femmes qui étaient à côté de lui, très intimidées et qui s'apprêtaient à le suivre. Des femmes qui étaient aussi jeunes, si ce n'est plus jeune que moi. Et là, je crois que Gérard Miller nous avait proposé d'aller boire un verre à mon amie et moi. Et j'ai décliné, évidemment. Et je crois que pour lui, ça n'avait plus vraiment d'importance qu'on décline sa proposition, parce que je me souviens que, c'est ce que je m'étais dit à l'époque, je m'étais dit : il a trouvé d'autres proies.

Depuis lundi, j'ai eu en ligne plusieurs victimes présumées de Gérard Miller. Depuis lundi, je dois faire face à ce que j'entends au téléphone. Des voix qui tremblent encore, qui hésitent, qui racontent mais ne sont pas prêtes à se montrer au grand jour, qui ont encore peur, encore honte. Des femmes qui craignent, qui le craignent encore. Deux d'entre elles sont prêtes à participer au reportage, dont une sans être floutée. Ce sera donc la seule, mais ça me suffit : je tenais à ce que l'une de celles qu'il aurait agressées regarde Miller en face sans ciller. Mon amie, elle, redoute d'être reconnue, d'apparaître à visage découvert. Je respecte son choix ; il y a quelque chose de trop impudique dans la télévision pour elle. Heureusement, le cameraman fait très attention à elle, suit son rythme, vérifie sans cesse qu'elle se sent à l'aise.

L'interview va durer deux heures (il n'en restera que quelques minutes dans le sujet final diffusé dans *Envoyé spécial*) : Armelle raconte ce qui lui est arrivé in extenso, avec un souci de précision, de clarté et d'honnêteté. Car il n'est pas question de forcer sa mémoire et de se rappeler à tout prix ce qu'elle a oublié et qu'elle risquerait de déformer, de reconstituer. Son journal intime qu'elle nous montre et dont elle nous lit la séquence principale, la dernière, le déroulé des faits du 16 mai 2003, est une rampe sûre à ses souvenirs.

Je distingue dans son récit des étapes très nettes qui correspondent à la mise en œuvre d'un piège dans lequel elle a été soigneusement préparée à tomber. À la différence de la plupart des autres jeunes femmes qui témoignent, c'est Armelle qui prend l'initiative d'une rencontre, avec un motif précis, l'interview pour son UV à la fac. Le fait même qu'il accepte l'entretien et qu'il propose de le réaliser chez lui, dans son cadre privé, rend mon amie et sa collègue « très fières ». À ce stade, elles n'ont aucune raison de se méfier : elles l'ont sollicité, il est prof à Paris VIII où elles font leurs études, elles sont deux.

Quasi systématique, l'invitation à son domicile est l'appât. À ce stade de l'enquête, il nous apparaît que Gérard Miller se montre à l'affût sur deux terrains, l'université Paris VIII et le public de *On a tout essayé*, mais n'en tire pas profit sur place : il préfère rentrer chez lui, à côté de Nation. « Hôtel particulier » pour les unes, « maison » pour les autres, le domicile du chroniqueur est à la fois le lieu où il habite avec femme, enfants et beaux-enfants, où il reçoit en tant que psychanalyste ses patients, où il travaille en tant que journaliste, écrivain, scénariste, réalisateur, producteur, cofondateur du Média. L'homme superpose tout, mélange tout. L'une de ses victimes présumées nous dira avoir croisé une patiente, d'autres, comme une des techniciennes de plateau ou Armelle évoquent la présence dans la demeure de ses enfants. Utilise-t-il consciemment sa « progéniture » pour donner un sentiment de sécurité à ces jeunes filles du même âge ?

Ce qui est certain, c'est qu'Armelle, et elle n'est pas la seule, insiste sur le fait que son âge, cinquante-cinq ans à l'époque, constituait un rempart, une impossibilité : « Au début, j'étais un petit peu mal à l'aise d'être avec un homme plus âgé. Mais pour moi il n'y avait pas d'ambiguïté possible puisqu'il était plus âgé que mon père. » Son statut joue également en sa faveur, ramollit les défenses de sa victime. Il est très connu et reconnu, familier pour beaucoup d'entre elles dont les parents regardent tous les jours l'émission de Laurent Ruquier. Le fait d'être une vedette de la télé lui confère une aura, presque une auréole. Puisqu'il est célèbre, se disent les gens, c'est un exemple, un saint. La télé rend sacré. Et puis, les jeunes filles sont flattées d'être ainsi distinguées par cette star du showbiz alors qu'elles ne sont, à leur âge, encore personne.

Faire entrer ses cibles chez lui, c'est un peu comme les autoriser à pénétrer un temple dont il est la divinité. Qui refuserait le privilège de l'intimité avec une divinité ? Avec un être aussi solaire et séduisant que Gérard Miller ? Certainement pas une fille encore innocente et impressionnable.

D'autant que, autre élément récurrent dans les témoignages des femmes qui ont eu affaire à Miller, l'agresseur, s'il se rend attirant, séduisant à sa façon, avec ses appâts, ne montre pas tout de suite son visage de dragueur qui cherche quelque chose. Point d'indices tels que des compliments ou des regards ambigus. Ou si ces signaux se manifestent, ils sont trop furtifs pour s'ancrer vraiment dans la conscience. Armelle se souvient par exemple que « Il a un sous-entendu pendant l'interview disant qu'il allait peut-être nous inviter boire un verre ou je sais plus comment il avait formulé. Et puis parce que voilà, il avait l'air tellement normal à la télévision que j'étais surprise et je ne me suis pas méfiée qu'il ait envie de passer la soirée avec moi ». La jeune fille tombe dans le piège de Gérard Miller parce qu'elle n'imagine pas être courtisée par un homme si célèbre.

Les invitations au restaurant, au spectacle, à l'émission, etc., semblent être une forme de préambule à l'hypnose ou, peut-être, aux moyens chimiques. Gérard Miller commence par éblouir, par apparaître sous son meilleur jour, celui de vedette, d'homme scintillant sous les feux du divertissement, de l'université et de la psychanalyse, avant de rentrer dans l'ombre de son terrier. La transition des lumières à l'obscurité du lieu où se produit l'impensable, c'est par l'invite à faire un « petit test d'hypnose », « un jeu d'hypnose » qu'elle s'opère.

Le goût du chroniqueur pour les jeux, quels qu'ils soient, les tours de magie, le spectaculaire, le rend assez sympathique et confirme une certaine tendance à la mise en scène de soi. Son rapport à l'hypnose, d'emblée, n'est pas aussi limpide, voire est très ambivalent. Alors qu'il est psychanalyste, il a recours à l'hypnose en dehors de son cabinet. En tant que psychanalyste, en revanche, il n'utilise pas l'hypnose. En d'autres termes, l'hypnose qu'il pratique, alors que prodiguée par lui, psychanalyste, n'a pas vocation thérapeutique, correspond à de l'hypnose de scène, comme pratiquée à l'époque de Freud par Carl Hansen. Avant de l'abandonner, l'inventeur de la psychanalyse s'est intéressé très sérieusement à l'hypnose pendant une dizaine d'années et a écrit en 1891 un texte qui pose un cadre rigoureux à sa pratique. Texte que Gérard Miller a nécessairement lu puisqu'il s'est passionné très tôt pour le magnétisme et l'hypnose, comme il le relate dans son autobiographie. En mettant la main sur un ouvrage ancien, le *Manuel de l'étudiant magnétiseur* de M. Le Baron du Potet, il découvre la puissance du magnétisme : « On y parlait d'une force magnétique que tout un chacun pouvait émettre et qui, bien maîtrisée, permettait d'agir à distance sur ses semblables[1] ». Après avoir expérimenté ses rudiments d'hypnotiseur sur deux de ses camarades de classe (parce que, explique-t-il, il a « un sens de la famille [lui] interdisant de tenter quoi que ce fût sur [ses] collatéraux ») et évalué à quel point « la suggestibilité était à fleur de peau. Ce n'était qu'une affaire de signifiants », il monte en compétences en étudiant l'hypnose

1. Gérard Miller, *Minoritaire*, *op. cit.*

« avec un couple de praticiens, Béatrice et Patrick Valence, pour comprendre les mécanismes de la dépendance et de la soumission[1] ». Le pire se trouve dans un passage qu'on dirait écrit inconsciemment pour s'auto-confondre : « Quand j'aurais dit que Miranda était belle, je n'aurai rien dit. Elle était la plus jolie fille de la classe, la seule peut-être dont l'avis m'importât. Dans n'importe quelles autres circonstances, je l'aurais ménagée. Quelques années plus tôt, une simple rédaction avait fait naître en moi le désir de ne pas abuser sur mes semblables du pouvoir que je découvrais, celui de narrateur. La pratique de l'hypnose, elle, m'inspirait des sentiments moins miséricordieux. Si j'avais pu transformer Miranda en statue de pierre comme le faisait la Gorgone, je l'aurais fait. »

Cette « statue de pierre » que fantasme Gérard Miller à haute voix, cet état de pétrification dans lequel il rêve de plonger la plus jolie fille de son école, c'est exactement celui que décrivent ses victimes présumées pendant l'agression. Elles ne peuvent plus bouger, leur corps est lourd, « figé ». Armelle emploie, elle, les termes « robot », « poupée de sang ». En clair, inanimé, objet. Dans son ouvrage, *Céder n'est pas consentir* (PUF, 2021), la

1. *Ibid.*

psychanalyste et philosophe Clotilde Leguil décrit ce qui se produit pendant l'effraction qu'est l'agression sexuelle : « figement » d'abord, c'est-à-dire que le sujet est comme pétrifié. Son corps, devenu corps de pierre ne lui permet plus de s'enfuir. Quelque chose du vivant du corps est comme capté, extorqué, arraché au sujet. Il ne parvient plus à se dégager. La tête s'affole, mais le corps est de plomb.

L'hypnose est donc non seulement le prétexte de rapprochement, l'hameçon, mais aussi le moyen, l'équivalent d'entraves. Armelle, elle, n'a pas particulièrement envie d'une séance d'hypnose. Comme les autres, elle ne perçoit pas qu'il y aurait, derrière la proposition, une intention malveillante. D'autant moins qu'elle est en face de ce qu'elle associe à un docteur, sans faire, comme beaucoup, la différence entre psychiatre, psychologue, psychanalyste. Dans sa narration, Armelle, à plusieurs reprises, associe la situation, la séance d'hypnose, à un intermède thérapeutique, lui à un médecin et elle à une patiente : « J'ai l'impression d'être un peu son sujet et un peu sa patiente », ou « C'est comme si un médecin me disait "Enlevez votre T-shirt" ou "Je peux soulever votre T-shirt pour..." On se voit pas refuser », ou encore « Et il y a quelqu'un de très célèbre et de reconnu dans ce qu'il fait qui me propose quelque part d'une façon un peu sous-entendue de me soigner. Donc moi je me dis tiens ! Si c'est un grand ponte, alors… Il y a quelque part une espèce de baguette magique qui va peut-être me soigner. Testons. Voyons. Allons-y pour voir. »

On ne sait pas en l'occurrence si l'hypnose fonctionne véritablement avec Armelle, puisque le maître de cérémonie lui reproche « d'être impossible à détendre », mais ce qui émerge dans son récit, c'est qu'elle ne peut pas, ne doit pas dire non à quelqu'un qui est susceptible de lui faire du bien, ce qu'elle ressent, c'est qu'elle est perdue. Elle se dit d'ailleurs dans « le brouillard ». Ce que Gérard Miller sait parfaitement créer, c'est la confusion. Il fait sauter les cadres dès qu'il y en a. Grâce à la couverture de l'hypnose, il reprend l'habit de « soigneur ». Il emmène peu à peu sa proie dans une zone où plus rien n'est clair, où l'on ne départage plus le médecin de l'agresseur, le soin de l'agression, le bien du mal. Derrière les murs de sa maison où il entraîne ses victimes présumées, comme par magie, il fait sauter les règles, les distances. Il réinvente l'ordre en fonction de ses besoins. Il met la jeune fille dans le doute en effaçant les repères, il l'extrait de ce qu'elle connaît.

Une fois qu'il a ramené ses cibles chez lui avec une promesse de jeu, d'expérience, de moment agréable, il leur sert bien souvent à boire. Dans le cas d'Armelle, c'est une bière, qui arrive déjà « décapsulée à côté d'un verre » et à laquelle elle trouve

« un goût bizarre ». « C'est parce que c'est une bière blanche », lui dit-il. Elle ne sait plus très bien si, à ce moment-là, son amie est encore là ou déjà repartie avec son père. Mais elle a souvenir d'avoir ensuite eu droit à une visite de la maison, un classique visiblement du parcours, l'étape qui précède l'hypnose et les massages. Comme Jacques Lacan, le beau-père de son frère, dans sa propriété de Guitrancourt, dans les Yvelines, qui, rituellement, accordait à certains la chance de contempler après le déjeuner « L'Origine du monde » de Courbet recouvert la plupart du temps par un panneau en bois coulissant, Gérard Miller faisait faire le tour du propriétaire sans qu'on ne lui ait rien demandé. Il éprouvait vraisemblablement une grande fierté à montrer les dimensions, les volumes, la hauteur sous plafond, la décoration chargée et bourgeoise, les objets symboliques de son statut et de sa richesse. Né à Neuilly-sur-Seine, fils de médecin, il a été élève à Janson-de-Sailly dans le 16e arrondissement, qui n'est pas le plus démuni de la capitale, et touchait en 2003 des émoluments affolants pour ses prestations télévisuelles. Miller n'a jamais manqué d'argent.

D'après l'enquête de Laurent Telo, il est un excellent négociateur, se montre particulièrement habile avec les questions financières. À Michel Drucker qui compte raboter son salaire, d'après Pierre

Bénichou, il n'hésite pas à répondre : « Le salaire ne se mesure pas au temps qu'on passe mais au désir que je t'inspire. » Il sait se valoriser et fait croire à l'interlocuteur que le valoriser, c'est se valoriser. Il parvient ainsi à se faire payer très grassement par Patrick Jeudy, à vendre cher aux chaînes de télé les documentaires qu'il produit. De sa réussite, à l'instar d'un nouveau riche, il se gargarise et se plaît à la montrer. Jacqueline Remy mentionne qu'à l'époque du Média, il se vante auprès des jeunes en clamant : « Je sais, je suis riche, j'assume, j'assume ! » Selon Pierre Bénichou, toujours cité par Laurent Telo, s'il économise, s'organise, capitalise, amasse, c'est pour ses enfants, pour sa famille. Et il dépense le moins possible.

C'est avec son statut et son « hôtel particulier » dans Paris qu'il épate les jeunes filles, quand celles-ci ne sont pas issues de la bourgeoisie. Quand ses proies pénètrent son palais aux innombrables pièces dont il a toutes les clés, elles se sentent des princesses.

Chez lui, j'ai l'impression qu'il y a deux sortes de pièces. Les lumineuses, où la partie professionnelle, maîtrisée, rationnelle se produit, où il se comporte normalement, où les rendez-vous ont lieu, comme le bureau-cabinet où Charlotte remarque une grande quantité de livres qui le disent cultivé ainsi qu'un divan en velours « rouge, pourpre ou violet » et des meubles imposants, anciens et rustiques, des pièces qui, au premier étage, donnent sur la rue, la cuisine vaste et bien équipée. Et les pièces obscures, qui sont des pièces transgressives, telles que celle du home cinéma au sous-sol, fait pour être éteint, avec des fauteuils rouges et un canapé, ou la pièce japonaise, zen, à la lumière tamisée, avec le kimono accroché au mur, les encens et huiles de massage d'après la description d'Armelle. Des pièces où on ne va pas, mais qu'on entend. À propos de bruits, dans les souvenirs d'Armelle, il y avait un ou plusieurs perroquets dans la maison. Sur la photo de Jonathan Frantini qui illustre le portrait génial fait par Laurent Telo de Gérard Miller, il tient un perroquet. La légende dit : « Gérard Miller, le 12 avril, dans le cabinet où il reçoit ses patients, à son domicile parisien. »

C'est là qu'Armelle se retrouve piégée, dans cet antre où elle a été attirée. Il l'a mise en confiance, il l'a enchantée pendant l'entretien en se montrant charmant, intelligent, il l'a mise à nu doublement, en lui extirpant des confidences et en la contraignant à se déshabiller grâce à toute son autorité de guérisseur et à enfiler un kimono, vêtement très connoté, cliché de l'érotisme japonais.

D'ailleurs, il ne se gêne pas pour inviter parfois les jeunes filles par deux. Ça ne lui fait pas peur, au contraire.

L'avantage d'inviter des duos, outre de déminer les réserves, la crainte, c'est aussi de garantir son coup, d'augmenter ses chances d'aller au bout, de conclure. Sur deux filles, pensait-il qu'au moins l'une des deux serait plus influençable, vulnérable, suggestible (à l'hypnose). Dans le cas d'Armelle et de son amie, c'est bien sûr Armelle qui est la proie la moins difficile. De plus, sa copine de fac semble moins investie qu'elle dans le sujet qu'elles préparent et surtout, son père vient la chercher. Sans cela, personne ne saurait dire si elle serait restée. Au moment où elle les laisse, autour de 22 heures, il n'y a aucune raison de s'enfuir. Jusqu'à présent, apparemment, tout se passe pour le mieux : l'interview était parfaite, le restaurant un bon moment de détente et le retour à la maison sans rien de suspect. Aucun signal, aucune annonce, rien ne préfigure la suite.

La suite, c'est l'une des caractéristiques de l'agression, se déroule dans la même couleur, la même tonalité, la même civilité, la même non-violence. Armelle insiste sur cette façon de l'amener au pire sans aucune violence : « Il est un peu dans la position du médecin qui demande à son patient de faire quelque chose. Il ne me force pas. Il n'y a jamais eu de violence physique, violence dans le sens coups ou menace ou agressivité. » ; « Il n'y a pas eu de violence physique. Il ne m'a pas jetée sur un lit, ça, c'est sûr. Mais il m'a contrainte par toute la manipulation, par le fait de me faire déballer ma vie, de me demander d'être en confiance, de me détendre. C'est par son aura qu'il m'aura contrainte quelque part en profitant de sa notoriété et de son savoir de psychanalyste. » Armelle le décrit bien dans ces passages, le style Gérard Miller, c'est la violence de la non-violence, le forçage par le non-forçage, l'hypnose sans l'hypnose. Sa stratégie suivrait rigoureusement un principe de non-agression. Neige Sinno évoque dans *Triste tigre* (P.O.L, 2023) le « mélange de perplexité et de malaise » qu'elle ressent « face à l'extrême violence sans violence que sont les abus ».

Chez Gérard Miller, aucun signifiant de violence, à part le rouge, une couleur omniprésente, aucun bruit de viol, de virilité agressive. De la douceur plutôt, de l'intérêt porté, du soin. L'agression, d'ailleurs, commence souvent par des manipulations, une sorte de massage thérapeutique, prétexte au déshabillage puis prétexte à poser ses mains et à les faire glisser vers des endroits de plus en plus intimes. Ce brouillage entre « donner un massage » et « prendre un corps » qu'il a créé, tel l'illusionniste, désoriente ses proies qu'un flot de questions vient submerger. « Qu'est-il réellement en train de se passer ? » se demandent-elles tandis que leur corps, peut-être aussi terrassé par une pensée paradoxale, ne peut plus bouger.

Si cette tactique d'amabilité et de proximité est si efficace, si elle favorise tant Miller, c'est parce qu'elle contredit le mythe, la légende du méchant qui rôde la nuit dans les rues de la ville, prêt à sauter sur sa victime. Comme l'expliquent Ernestine Ronai (psychologue) et Édouard Durand (juge des enfants, ex-co-président de la CIIVISE, associé à Judith Godrèche, que je me mets en tête d'interviewer) dans leur livre *Violences sexuelles : en finir avec l'impunité* (Dunod, 2021) : « L'agresseur est rarement conforme aux stéréotypes culturels encore prégnants qui décrivent le violeur comme un inconnu, brutal, menaçant, voire armé, qui agit par surprise, la nuit, dans un endroit reculé, usant d'une violence physique qui laissera des traces. La pulsion irrépressible d'un homme asocial et primaire. » Assurément, Gérard Miller n'a rien d'asocial, il serait plutôt un « animal politique », il a trop besoin d'un auditoire, de spectateurs. Quant à « primaire », c'est encore plus faux le concernant. On voit bien, depuis le début de cette enquête, que le personnage ferait preuve d'une grande sophistication dans son approche supposée de l'agression et du viol.

Le personnage célèbre, le Miller intelligent, sympa, rigolo, que tout le monde croit connaître, céderait la place à un autre visage. L'hypnotiseur, le médecin qui tâterait de manière inappropriée, qui d'un geste décalerait un massage vers des attouchements ou plus. Quand il changerait, sa voix se modifierait en même temps. Armelle l'a remarqué, il prend une

« voix sensuelle » qui la « hérissait ». Sa voix plutôt aiguë se mue en une voix grave et chaude. Comme le sable auquel il fait référence pour que sa fausse patiente, sa vraie victime présumée, se mette à rêver et finisse par l'intégrer, lui, l'homme, à ce mirage. Inventer des scénarios lui est très naturel : il fait ça depuis qu'il est enfant. Une fois devenu père, il s'est mis à tourner des films à la maison pour amuser ses enfants.

Quand Armelle, après l'avoir arrêté en disant stop et s'être rhabillée, lui précise gênée qu'elle est « plus à l'aise en jogging et baskets », il la regarde et, vexé, la cloue d'un : « Pourtant, tu n'en avais pas l'air ! » On se souvient que pour la technicienne de plateau, il avait eu ce geste rogue de lui jeter de l'argent à la figure pour un taxi, une façon de la rabaisser, comme de la payer pour un service qu'elle n'aurait pas voulu rendre.

Élise Lucet s'est chargée personnellement de lui envoyer un message, un texto, pour l'inviter à témoigner dans mon sujet. Elle veut nous aider, elle s'adresse à ceux qu'elle connaît, elle sait qu'avec elle, ce sera plus facile, ils seront plus bavards, plus faciles à convaincre de parler. Cette fois, même à sa demande, ils refusent de participer. Quant au principal intéressé, Gérard Miller, il lui adresse le message suivant : « Je suppose que vous avez lu

les différentes réponses que j'ai faites à ce jour, de toute façon si vous me donnez votre adresse mail je vous les enverrai toutes. Je maintiens n'avoir jamais agressé personne même si naturellement et comme j'ai pu l'expliquer dans des situations d'objective dissymétrie, j'agirais aujourd'hui autrement. Cela étant, pour enfin mettre un terme au système de domination masculine où le désir des hommes prévalait sur celui des femmes, une voie et une seule a de fait la légitimité pour parler aujourd'hui, celle des femmes qui dénoncent la façon dont les rapports homme-femme sont constitués dans notre société. Pour le reste, je vous remercie bien sûr de me donner la parole mais vous me permettez de penser que ce qu'on appelle le contradictoire est d'une tout autre nature que les échanges actuels. Si vous souhaitez me poser par écrit des questions supplémentaires à celles qu'on m'a posées jusqu'alors, merci de me les envoyer, j'y répondrai néanmoins si je pense que cela est possible. Cordialement, GM »
Bien entendu, dans la foulée, nous lui adressons des questions auxquelles il n'a jamais pris la peine de répondre. En même temps, je me suis interrogée sur ce que je répondrais si j'étais lui. Aussi brillant soit-il, se justifier devient à un certain point extrêmement difficile.

L'illusion, Gérard Miller s'y intéresse depuis l'école primaire. C'est grâce – « à cause » serait plus juste – à sa première rédaction qu'il en a eu vent, qu'il l'a trouvée sans la chercher. Il devait raconter l'événement le plus marquant de ses vacances mais comme il n'avait rien à raconter, il a inventé une histoire d'enfant que l'on croit noyé, mais qui dort en fait à l'arrière d'une voiture. Non seulement avec son mensonge il a remporté une excellente note, mais il a en plus été félicité devant toute la classe. De ce succès, son esprit a déduit l'immense naïveté des gens, la facilité avec laquelle ils sont prêts à croire n'importe quelle belle histoire.

À trois reprises, en dehors des passages qui traitent spécifiquement de l'hypnose, il exprime cette découverte dans *Minoritaire*. Au moment de récolter sa bonne note parce que tout le monde l'a cru : « Cette naïveté unanime me troubla », puis à la page d'après : « Cette étrange faculté de mettre ses semblables dans sa poche, cette autorité qu'on pouvait exercer sur eux sans coup férir, en alimentant simplement leur curiosité par des formules bien tournées, me mettaient mal à l'aise. » Enfin, juste après : « Je trouvais incompréhensible la facilité avec laquelle les adultes tombaient sous la coupe de qui les baratinait. Ils étaient méfiants, mais avec sélectivité. » Quant à ses expériences précoces d'hypnose, que nous avons mentionnées, elles confirment sa perception du monde en lui démontrant que « la suggestibilité était à fleur de peau[1] ».

1. Gérard Miller, *Minoritaire*, *op. cit.*

4

T'as quel âge ?

> « Absolument strictement personne
> de la bande ne se doutait de ça,
> vraiment, strictement personne,
> et jamais une seule fois je n'ai
> entendu quoi que ce soit à ce point
> qui relève de la loi, jamais, jamais. »
>
> Philippe Vandel

« T'as quel âge ? », c'est comme ça qu'on appelait, pour plaisanter, Gérard Miller. Ou bien « T'es en quelle classe ? ». Plusieurs témoins, techniciens et autres, nous l'ont raconté. Comment certains ont-ils pu s'amuser avec ces surnoms sans jamais s'inquiéter ou même être choqués ?

Ces questions, d'aucuns l'ont entendu la poser à certaines des jeunes filles qu'il entreprenait sur le plateau ou qu'il invitait à l'émission. Vérifie-t-il que sa victime présumée est majeure, qu'il n'est pas hors la loi ? Pourtant, il s'en serait aussi pris à des mineures, ce qui prouve que le cadre de légalité qu'il s'est posé, à l'instar de tous les autres cadres, il l'aurait explosé. Les journalistes de *Elle* le soulignent au début de l'interview, ce goût très marqué pour les jeunes filles : « À l'époque, on s'est même fait la réflexion : "Ah ! Non ! Ce n'est pas possible, elles ont toutes dix-neuf ans." » Dans la foule de témoignages reçus de femmes qui auraient été agressées ou sur lesquelles il y aurait eu une tentative d'agression, elles ont remarqué assez vite, outre une ressemblance frappante entre les scénarios racontés, des points communs entre les narratrices, en particulier leur jeune âge.

Isabelle Alonso, qui aurait mis en garde Armelle sur le plateau, accepte de discuter avec nous, mais pour nous confier sa réticence à être interviewée dans le sujet d'*Envoyé spécial.* Je me suis souvent demandé pourquoi cette femme si engagée ne prenait pas la parole sur une émission comme « Envoyé spécial ». Son amitié ? La peur de passer pour une traître vis-à-vis de la bande ? Dans la suite de l'enquête, je vais régulièrement m'entretenir avec l'ancienne « chienne de garde » et, à chaque fois, je vais entendre la même antienne et, dessous, sa cuisante culpabilité, sa cuisine avec ses contradictions.

Les chroniqueurs auraient eu de multiples occasions d'assister potentiellement aux manœuvres de Gérard Miller, de sa façon de fondre sur des demoiselles, de les faire attendre devant sa loge comme devant celle d'un chanteur à la mode et de les exhiber à des brunchs, au restaurant, au spectacle. Sans que personne ne s'étonne, ne soit choqué, ne fasse de commentaires autres qu'humoristiques, ne fasse autre chose que de se moquer gentiment, de ponctuer ses phrases de « Ah ! Ah ! », ou, mieux, de faire le décompte des jeunes filles. À *On a tout essayé*, il y a bien deux mondes distincts, l'un aveugle et sourd, l'autre tout à fait conscient, doté d'yeux et d'oreilles, mais l'un qui préfère peut-être détourner le regard.

Non seulement s'est esquissé peu à peu ce qui – au regard de la répétition d'un même scénario et du nombre considérable de victimes présumées – peut être appelé « mode opératoire », mais aussi un profil de victimes présumées : des jeunes filles d'environ dix-neuf ans, souvent très minces (ce qui les fait paraître plus juvéniles qu'elles ne le sont sur leur carte d'identité), plutôt jolies. Ce que ces jeunes filles font ne compte pas, d'où elles viennent non plus, leur identité sociale n'existe pas comme critère de sélection. Elles peuvent être étudiantes en audiovisuel, en psycho, au lycée, déscolarisées, actrices, caissières, fleuristes, elles peuvent habiter Paris, dans les beaux quartiers, ou les mauvais, dans des villes de province, au fin fond de la campagne, peu importe.

À peine majeures, les jeunes filles sont plus faciles à convaincre, car inexpérimentées et moins savantes, plus faciles à impressionner, car complexées et intimidées, plus faciles à assujettir, car habituées à s'incliner devant l'autorité des adultes. Et puis, il y a les enjeux fantasmatiques et ceux-ci, bien que cachés, éclatent au grand jour avec les passages à l'acte de notre objet d'enquête.

Après avoir passé une vingtaine d'années avec sa première femme, psychanalyste comme lui, il a épousé Anaïs Feuillette, née le 9 août 1980, soit de trente-deux ans sa cadette. Il ne s'est donc jamais caché de ses penchants pour beaucoup plus jeune que lui.

Les couples avec des écarts d'âge considérable faisaient partie, dans les années 1980, de l'actualité des stars. Était-ce un privilège de stars qui peut toutes les avoir ? Ou une histoire de mœurs, bien différentes de celles d'aujourd'hui ? Pour autant, un changement d'époque ne justifie pas a posteriori, contrairement à ce que voudrait nous le faire croire

Gérard Miller dans sa défense. Il était déjà interdit par la loi d'agresser, de profiter de son autorité (âge, statut, proximité) et de la vulnérabilité d'autrui.

Alors qu'il aurait déjà commencé à poser ses mains à des endroits appropriés du corps d'Armelle, alors qu'il est censé être en train de la traiter pour la guérir, tout du moins l'aider, il la complimente sur sa « peau douce ». Mais cette phrase est de trop, il vient de commettre une bourde car la jeune fille comprend instantanément que ce n'est pas le médecin, le père de famille qui est là, mais bien un homme qui veut obtenir d'elle ce qu'elle n'avait pas du tout l'intention de lui donner, un homme qui s'enthousiasme pour la jeunesse, la fraîcheur, la pureté, ce qui est encore intact. L'idéal, comme en politique. Gérard Miller parle trop. S'il se sert de son incessant verbiage pour saouler par la parole, endormir ses victimes présumées, les embrouiller, il prononce parfois des mots qui font réagir, qui permettent de reprendre conscience de la situation, de ce qui est en train de se passer. Pas un soin, pas une cure, pas un massage, mais une agression.

Armelle ne se sent pas très bien dans cette « peau douce », à l'époque. Car ce n'est pas un âge évident, dix-neuf ans, l'adolescence n'a pas fini son chemin caillouteux et brumeux. On ne sait pas encore qui on est, on ne sait pas tout à fait ce qu'on voudrait pour plus tard, on n'est pas sûr d'y arriver de toute façon. On a des idoles, des posters d'artistes qu'on ne connaît pas mais dont on est amoureux. On se trouve des modèles, des exemples. On se comporte en fan, puisque le monde entier est mieux que nous.

Par conséquent, on a du mal à se sentir désirable, aimable au sens littéral du terme. Alors, bien sûr, quand la célébrité Gérard Miller s'intéresse, se penche de toute sa hauteur télévisuelle sur le peu que l'on se sent être, elle a toutes ses chances. Elle part avec quelques longueurs d'avance. Armelle se dit « surprise que quelqu'un qui avait une telle aura puisse s'intéresser à [elle] » et avoue, alors qu'il est déjà en train de la tripoter, qu'il lui donne l'impression d'être « quelqu'un de sensible, d'intelligent ».

Les jeunes filles sont, il faut bien l'admettre, plus faciles à appâter et à piéger. Charlotte, que j'interviewe le 16 février, deux jours après Armelle, victime présumée de Gérard Miller, n'était pas même sortie de l'adolescence : elle avait quatorze ou quinze ans à l'époque des faits qu'elle relate. Elle est si chaleureuse et détendue que c'est elle qui me met à l'aise ! Elle me fait comprendre qu'il n'y a pas de tabou, que nous allons pouvoir tout aborder, sans gêne, sans heurts. L'interview sera très fluide.

C'était en 2001. En fait, moi, j'étais au lycée, j'avais quinze ans et je sortais du lycée avec ma meilleure amie. Et en passant devant le Moulin Rouge, il y avait l'émission de Laurent Ruquier qui se tournait. Il avait besoin de public et donc on s'est dit bah ça va être amusant, on va aller voir cette émission. Et ça a été le début de cette histoire très compliquée. L'émission s'est très bien passée. Seulement, à la fin, tous les chroniqueurs viennent serrer la main et dire au revoir au public. Et Gérard Miller s'est arrêté plus particulièrement sur moi. Avec cette amie, il nous a emmenées dans sa loge. Et on a commencé à discuter tout simplement de choses et d'autres. J'ai compris qu'il connaissait mon oncle. C'était un ami de mon oncle quand il avait dix-sept ans. Ils se sont connus par le biais d'un ami en partant en vacances. Donc étant une connaissance de ma famille, je ne me suis absolument pas inquiétée. […] Ça me plaisait de pouvoir échanger avec quelqu'un qui a un certain intellect, qui a des pensées intéressantes. […] Il est de la même année que mon père, donc je l'ai vu comme ça, en fait. […]

Et il m'a proposé avec mon amie d'aller au théâtre, il avait des places pour quelques jours. C'était les Bodin's. Au Théâtre Caumartin. […] On est allés donc au théâtre tous les trois. […] À ce moment-là, j'ai un souvenir ému, de sa main sur ma cuisse. Là, aujourd'hui, je m'en veux parce que je me dis pourquoi t'as pas vu ? [...] Il me dit quelque chose et il met sa main sur ma cuisse. Ensuite, pas plus qu'une soirée qui se passe complètement normalement. Il me raccompagne en scooter.

Quelques jours plus tard ou une semaine après cette soirée-là, il me rappelle et il me dit : « Viens déjeuner, passe à mon bureau, on ira déjeuner ensuite. » J'étais dans le coin, je me suis dit bon ben ça peut être sympa d'échanger avec lui. J'arrive dans un bel endroit, un passage. [...] Je sonne et on se retrouve dans une salle comme chez le psy, il y a un canapé, un bureau. [...] Il me propose un verre. À l'époque je n'aime pas l'alcool donc je lui demande un ice tea. [...] Il me ramène juste le verre. [...] Je bois ce verre, on discute un peu et il me fait la visite de la maison. Donc on va au sous-sol. Il est hyper fier de montrer son espace cinéma. [...] Et c'est là qu'il y a un trou noir complet, noir total, complet, plus de son, plus d'image. [...] Je vois l'espace, je vois les sièges rouges, j'entends sa voix et puis plus rien. Je ne sais pas comment, mais je me retrouve en plus au premier étage. [...] Je ne comprends pas comment je suis passée du sous-sol au premier étage. Est-ce que je suis dans une chambre rouge ? Je vois une espèce d'ambiance tamisée, une lampe qui diffuse une lumière très rouge. Et j'ai vu cette lampe parce que je suis sur le ventre et j'ai Gérard Miller au-dessus de moi. Et il est en train de me masser, de me toucher les fesses, les seins, le dos. […] Il me reste ma culotte et j'ai le pantalon aux chevilles. Et là, je suis vraiment prise de panique parce que je ne comprends pas comment je vais sortir de cette situation en fait. Je me dis que je suis complètement prise au piège. […] Il est lourd, il est oppressant et je ne peux pas bouger. En plus, je ne le vois pas, il est dans mon dos. […] Il me dit : « Tu as l'air crispé, détends-toi, ça va bien se passer. » Quoi ? Évidemment non. Je suis effectivement très tendue. […] Il me touche les fesses, le haut des cuisses, puis il passe sur mes seins, évidemment je me crispe de plus en plus. […] Et je ne peux pas parler parce que je réfléchis énormément en fait. […] J'essaie de voir comment me dépêtrer de la situation. […] Et là, quelqu'un sonne à la porte. Donc là il me dit : « Attends-moi, j'arrive ». Donc, non évidemment, je saute dans mes affaires. En fait je vais dans la salle à côté, une espèce de buanderie, dressing-buanderie. […] J'entends Miller parler à la porte. […] J'appelle tout de suite ma mère, je ne lui raconte pas du tout ce qui s'est passé, mais je lui dis je suis à telle adresse, je gère Miller et je rentre. Je raccroche, je prends mes affaires, mon sac et je descends. La personne est encore à la porte, du coup je me sens la force de partir. Il me dit: « Tu ne restes pas déjeuner ? » Je dis : « Non, non, je suis attendue, ma mère m'attend. » […] Après cet épisode, il me rappelle plusieurs fois et évidemment je ne réponds pas. Je n'ai jamais donné suite.

Elle admet s'être sentie particulièrement mal à l'aise dans ces circonstances d'agression sexuelle présumée, parce que : « C'est quand même un âge où le corps se transforme. On n'est pas très à l'aise, pas très bien dans ses pompes. », et insiste sur son ignorance dans le domaine, due à son âge : « Je n'avais pas cette notion de ce qui est bien ou mal en termes de relations avec les autres. J'avais fait des bisous à mes petits copains, mais c'était tout. Je n'avais pas d'expérience du tout. »

Charlotte respire la joie de vivre. C'est ce qui me surprend au premier abord. Je suis admirative de voir combien elle a survécu mieux que correctement à ce qui lui est arrivé. Aujourd'hui, elle est décoratrice d'intérieur et se force à dépasser son traumatisme, à se montrer positive. Sa voix signale à quel point elle est volontaire et têtue. Elle est entourée, encouragée, secondée, aimée par sa petite amie, une fille géniale, Maëva. Elles ont deux petits chiens. Après l'interview, Charlotte doit aller porter plainte au commissariat du 17e arrondissement accompagnée de Maëva. Elle a calculé que les faits étaient prescrits, mais elle veut pouvoir donner des éléments à la justice pour aider les victimes présumées non prescrites, elles.

La réactivité de Charlotte ne m'étonne pas. On voit bien aujourd'hui à quel point elle est vive et, malgré la souffrance qui l'habite et passe furtivement sur son visage à certains moments, elle dégage de l'énergie, du courage et de la clarté. Elle est prête à faire ce qu'il faut, elle attend depuis longtemps de pouvoir parler, elle attend de son rendez-vous au commissariat qu'il soit libérateur.

Sur le chemin du commissariat, je perçois son stress. En effet, Charlotte a un rôle important à jouer puisqu'elle est la première à porter plainte contre Gérard Miller. À ce stade, elle n'a pas encore consulté ou engagé un avocat, mais elle s'est renseignée sur les délais de prescription. Elle est aussi un peu nerveuse parce qu'elle sait que son acte va être couvert par les médias, qu'elle va déclencher là comme un deuxième étage de la fusée lancée par le magazine *Elle* et Mediapart. Au commissariat du 17e où le rendez-vous est fixé à 17 heures, ils n'ont pas compris qu'il s'agissait de Gérard Miller. Quand ils s'en seraient rendus compte, ils auraient changé d'attitude, ils se seraient montrés plus attentifs, la cheffe serait même descendue pour recevoir Charlotte.

Il lui faudra trois heures. Trois heures pour revenir en détail sur les faits de 2001, pour tout raconter, tout expliquer, répondre aux questions, aux relances. Bien sûr, c'est éprouvant et quand elle sort, elle est bouleversée, l'émotion la submerge. Comme ses souvenirs tout à l'heure. « Tu te rends compte de ce qui est extraordinaire ? lui dit Maëva. Ce n'est pas prescrit ! Pendant que tu étais aux toilettes, ils sont allés calculer et appeler la procureure, et si tu es mineure, la prescription est de vingt ans mais à partir de ta majorité. Du coup, là, ce n'est pas prescrit. » Le sourire de Charlotte à ce moment-là est large comme une victoire.

En fait, ses calculs n'avaient pas pris en considération qu'au moment des faits elle était mineure : le délai de vingt ans après les faits s'appliquent à partir du jour de sa majorité… c'est donc gagné. Et quelle victoire pour elle et pour toutes les autres victimes car cela déclenche ce que l'on appelle « la prescription glissante » ou « prescription en cascade » sur laquelle j'ai demandé des éclaircissements à deux avocates. Maître Emma Leoty m'a d'abord expliqué son objectif : « Allonger les délais de prescription pour permettre de punir l'auteur de viols sériels sur mineurs et permettre ainsi aux victimes anesthésiées par les sévices dont elles sont victimes de pouvoir faire entendre ensemble leurs voix. » Instaurée par une loi du 21 avril 2021, la prescription glissante a « pour vocation de prolonger le délai de prescription si l'auteur des faits commet sur un autre mineur, et avant l'expiration du délai de prescription, une nouvelle agression sexuelle, un viol ou une atteinte sexuelle. À travers ce dispositif inscrit à l'article 7 du code de procédure pénale, la première victime a la possibilité de se joindre à la procédure engagée par la seconde victime de viol, d'agression sexuelle ou d'atteinte sexuelle pour laquelle le délai de prescription n'est pas éteint, lui permettant ainsi d'augmenter ses chances d'indemnisation et de poursuites à l'encontre de son auteur ». Si l'avocate souligne que cette loi « renforce en plus la protection des mineurs victimes de crimes et des délits sexuels sériels », elle précise qu'elle est insuffisante, qu'il faudrait parvenir à une imprescriptibilité des violences sexuelles sur mineurs, comme c'est déjà le cas en Suisse, au Danemark et aux Pays-Bas. Dans le cas de l'affaire Miller, la sérialité des viols présumés, grâce à la notion de prescription glissante, s'avère utile aux victimes présumées. La plainte de l'une glissant sur celle de l'autre et rallongeant le délai de prescription, dans le cas, comme nous le rappelle bien Anne-Claire Le Jeune, où la victime était mineure au moment des faits.

Anne-Claire Le Jeune, l'avocate à ce stade de sept des victimes présumées du dossier Miller, va m'expliquer que pendant l'audition de Charlotte elle distingue elle aussi très clairement un mode opératoire similaire et des récits similaires avec, avant l'agression à proprement parler, « une perte de connaissance ou un état de torpeur au moment du réveil » : « Certaines vont même jusqu'à dire qu'il s'agit d'un black-out. Ce qui interroge aussi sur ce qui éventuellement – mais, aujourd'hui, on n'a pas de certitude – aurait pu être glissé dans leur verre au moment où elles prennent cette boisson ». Elle nous confie que les avocats ont tendance, lorsque des victimes mentionnent des « black-out », à se tourner naturellement vers « la soumission chimique ». Dans le cas de l'affaire Miller, les faits étant anciens, aucun prélèvement n'ayant été fait dans les heures qui ont suivi l'éventuelle ingestion d'une molécule, il s'avérera difficile de prouver la soumission chimique.

Dans un pays tel que le nôtre où la consommation d'anxiolytiques – l'une des familles de produits utilisés dans les cas de soumission, avec les hypnotiques et antiépileptiques – tels que Lexomil, Xanax, Valium, Temesta, Tranxène, apparentés à des somnifères, est réputée pour être banale et massive, on se dit qu'il est facile d'avoir accès à de telles drogues. On a toujours autour de soi quelqu'un qui les consomme et auquel on peut les emprunter, sous prétexte de mal dormir ou d'être préoccupé... La difficulté avec la soumission chimique, c'est qu'elle reste la plupart du temps une hypothèse. Il demeure ardu de la démontrer : les produits utilisés disparaissent du sang des victimes, aucune analyse n'est faite assez vite pour en trouver des indices de présence.

Maître Le Jeune ne peut s'empêcher de faire le lien entre les affaires Miller et Jean-Luc Brunel. Avocate de certaines des victimes de ce dernier, elle a eu l'occasion d'étudier son mode opératoire en recoupant les témoignages. Comme je travaillais alors sur l'affaire Jeffrey Epstein, j'avais souhaité l'interviewer afin qu'elle me donne des éléments de compréhension. C'est comme ça que nous nous sommes connues et là, pendant l'interview sur le cas Gérard Miller, sans que j'y fasse une quelconque allusion, elle me dit : « Je pense notamment au dossier de Jean-Luc Brunel où certaines femmes venaient décrire précisément ce que disent les victimes présumées de Gérard Miller. C'est-à-dire qu'elles prennent un verre et que rapidement, elles oublient tout. Elles se réveillent même avec une certaine amnésie, en étant presque incapables de savoir précisément quel a été le déroulement de la soirée, quel a été le déroulement de la scène. Elles se souviennent la plupart du temps des dernières minutes de l'agression sexuelle ou du viol qui a pu se produire, sans avoir, je dirais, les pièces complètes du puzzle. »

De retour chez elle, Charlotte me débriefe la plainte au commissariat en insistant sur la gentillesse et l'écoute des policiers. Et, bien sûr, elle revient sur sa surprise que les faits ne soient pas prescrits. Elle souligne, et c'est un cas rare parmi les victimes présumées avec lesquelles je me suis entretenue, qu'elle n'a « jamais eu peur de ne pas être crue ». En revanche, elle admet qu'elle a « peur de [se] sentir coupable de certaines choses » : « Il y a comme un jugement sur mon histoire. »

À Charlotte, avec laquelle un lien s'est créé rapidement, j'ose formuler une requête : pendant l'interview, elle semblait se souvenir assez précisément des pièces de la demeure de Gérard Miller. Comme je sais qu'elle maîtrise le dessin, je lui demande si elle peut me faire des esquisses de la chambre japonisante, de la salle de cinéma, du bureau. Le résultat est à la fois émouvant et très instructif. Ces dessins vont m'aider dans la suite de l'enquête à mieux imaginer les récits recueillis.

Charlotte est satisfaite de cette journée, d'avoir pu parler, de n'être pas prescrite ; elle espère tant un procès. En attendant, sa plainte doit être transmise au procureur. Dès le lendemain, la presse annonce qu'une enquête est ouverte et Gérard Miller, lui, commet son dernier tweet visible sur X à 6 h 20 : « J'ai pris connaissance ce jour de la décision du parquet de Paris d'ouvrir une enquête concernant les accusations portées contre moi par voie de presse. Certain de n'avoir commis aucune infraction et prêt à répondre sur chacun des faits reprochés, je souhaite désormais réserver ma parole à l'institution judiciaire et laisser mon conseil, Me Louise Tort, avocate au barreau de Paris, assurer la défense de mes droits dans ce cadre-là. » Depuis, sur X, il est resté inactif ; seule une photo a changé en bandeau : un chat, un chartreux, précisément, surplombe maintenant son compte. Une façon de nous dire peut-être, qu'il dispose de sept vies ?

En 2001, tandis que Gérard Miller abusait présumément de Charlotte, quinze ans, il écrivait au même moment : « Le mal a sur le bien une longueur d'avance qu'il ne perdra jamais – ce qui, en attendant le pire, ne m'empêche pas de faire au mieux. Ma philosophie est *Carpe diem*[1]. »

Le lendemain de la déposition de Charlotte et de son interview, le 21 février 2024, je dois filmer la mère d'Armelle. Depuis le début de l'enquête, je l'ai vue très furtivement à la gare pour récupérer les fameuses cassettes. J'ai alors senti son émotion et son envie d'aider sa fille dans cette démarche que je lui ai proposée. Dévouée, elle a fait deux allers-retours en train d'une heure et demie pour des rushes.

Très vite, au cours de notre entretien, sa culpabilité de mère émerge. Son éducation, trop

1. Gérard Miller, *Minoritaire*, *op. cit.*

post-soixante-huitarde, la poussait à laisser sa fille libre, vivre des expériences. Elle avait combattu l'autorité, elle refusait de l'incarner. Elle se reproche également d'avoir « minimisé un peu les choses» dans la mesure où elle était «dans le doute ». Quand Armelle rentre, très perturbée, chez ses parents, l'histoire qu'elle leur raconte n'est pas claire du tout. Au fil de l'interview, je comprends que mon amie ne leur a jamais parlé vraiment d'agression sexuelle : « Elle avait des doutes, elle savait pas pour elle, il ne l'avait pas touchée plus que ça en fait. Elle s'est retrouvée nue, ça, c'est sûr. Elle s'est retrouvée nue sous un kimono. Elle n'a pas compris comment, mais elle a eu la sensation quand même d'y avoir participé quelque part, mais sans contrôle. » Armelle aurait, semble-t-il, elle aussi « minimisé » l'événement. Compte tenu de ce qu'ils voient à la télé et du récit de leur fille, un Gérard Miller intelligent qui n'a pas l'air d'une bête sauvage, ses parents ont du mal à croire qu'il « puisse avoir un comportement ambigu ». Son père a continué à regarder religieusement l'émission *On a tout essayé* et à écouter le chroniqueur avec la même ferveur. Avec Armelle dans le salon qui en profite aussi.

Ce jour-là, avec sa mère, je me vois faire quelque chose d'un peu brutal. Comme je ne supporte pas ce décalage entre les faits et ce que mon amie a réellement dit – sachant que, pour moi, d'après le récit qu'elle m'a fait ce soir-là, l'agression est même allée plus loin que ce dont, aujourd'hui, elle accepte de témoigner –, je me permets de dire à la mère que sa fille a été agressée, vraiment. Je prends l'initiative spontanément de lui dire la vérité, sans même me demander si je suis encore dans mon rôle en faisant cela. Si cette information la choque et l'atteint profondément, elle la délivre aussi. Soudain, tout est plus clair pour elle, elle a enfin le sous-texte des années qui ont suivi l'agression présumée.

Les conséquences de l'agression présumée de Gérard Miller sur Armelle ont été importantes sur le plan psychique et physique. « Elle a perdu son côté spontané et elle a perdu sa confiance en elle. C'était une battante et là, elle était cassée. Elle s'est mise à douter de tout le monde, elle n'avait plus confiance dans les autres », décrit, avec des larmes qui affluent, la mère de mon amie. En plus de la joie sabotée et de la méfiance permanente, Armelle a déclaré des maladies auto-immunes dont ses parents ne comprenaient pas les causes.

Charlotte, elle, m'a avoué, en parlant de Gérard Miller : « Il a foutu ma vie en l'air un bon moment. Parce que les relations amoureuses ensuite sont catastrophiques. » D'un coup, j'ai voulu savoir où étaient ses parents dans l'histoire – après tout elle n'avait que quinze ans. Et l'oncle qui avait connu

Miller jeune ? Qu'ont-ils dit le soir où elle est sortie au théâtre avec lui ? Que s'est-il passé après coup quand ils ont su ? Ils n'ont pas su immédiatement.

Ce n'est que deux ans plus tard que la jeune fille raconte ce qui s'est produit. Parce que l'un d'eux demande : « Mais tu ne vois plus Gérard Miller ? » Alors, elle commence par se livrer à sa mère qui voudrait faire quelque chose, mais ne sait pas trop quoi et en parle à son mari et à son frère, l'oncle, qui, eux, ont très mal réagi et conseillé à Charlotte de porter plainte. Mais la jeune fille trouve son agresseur présumé trop puissant, elle préfère se dire que ce n'est pas si grave finalement. Et quand on la pousse à se tourner vers la justice, on ne lui dit pas comment. Et comme elle n'a que dix-sept ans, elle renonce.

L'oncle de Charlotte, que j'ai joint par téléphone, confirme les dires de sa nièce et évoque son amitié d'autrefois avec Gérard Miller qu'il a connu quand il n'avait que dix-sept ans : « On a fondé les comités d'action lycéens ensemble. Je suis quelqu'un d'engagé, ma mère était secrétaire du Planning familial, mon père dans le contre-espionnage, et moi dans la génération qui a fait Mai 68. Il était l'un de ceux-là. » Il narre une anecdote amusante qui en dit long sur le tempérament de son ancien compagnon de route. À l'époque, ils décident avec un groupe de copains de voyager ensemble au Danemark.

En stop. Une fois arrivés dans le pays, il faisait un temps de chien. Alors, l'ami Gérard a déclaré : « Il fait mauvais, je repars », pouvant ainsi tout quitter sans que personne ne le prévoit.

Dans son autobiographie, il raconte que l'un de ses profs, au courant de ses petits jeux, l'avait mis en garde : « [L'hypnose] lui inspirait de la répulsion, non qu'il surestimât le pouvoir qu'on pouvait exercer sur les autres, mais parce qu'elle donnait à voir "la face noire de l'homme"[1]. » Sachant qu'il distingue l'hypnose, laquelle ne fonctionne pas sur tout le monde, de la suggestion, laquelle fabrique une « victime *consentante* ». Selon lui : « Tu as une bonne tête, on te donnerait le bon Dieu sans confession. »

Cet avertissement, s'il se plaît à le raconter, il ne se serait manifestement pas plu à le prendre en considération. Il aurait choisi des jeunes filles plus faciles, plus vulnérables, qu'il aurait rendues dociles par l'hypnose ou/et autre afin de les agresser. L'hypothèse de Neige Sinno dans de *Triste tigre* paraît intéressante : « L'innocence, c'est ça qu'il y a à voir, la plus pure innocence. Et ce qui attire, c'est peut-être simplement la possibilité de la détruire. »

1. Gérard Miller, *Minoritaire*, *op. cit.*

5

Buffet froid

« Il me semble que je suis
un tout petit peu naïve. »
Isabelle Alonso

Les émotions de la journée avec Charlotte, la fatigue qui commence à m'attaquer sérieusement, le stress du coup de fil d'Élise Lucet qui souhaite voir le lendemain ce que nous avons en boîte, ce qui est compréhensible puisque le sujet va être diffusé une semaine plus tard – c'est très court, une semaine –, le soir du jeudi 22 février 2024, je suis déjà mal en point. Je perds confiance, je ne suis pas certaine d'y arriver à temps. Via mon téléphone, c'est le coup de grâce. Mathilde, mon troisième témoin, la seule à vouloir parler face caméra, vient d'annuler le tournage du lendemain que j'ai mis une semaine à caler. Au fond, c'est ça, le pire, je sais que c'est ma faute. Trop désinvolte, trop cash, je ne suis pas au bon endroit, et ce, depuis le début de mes relations avec elle. Quand les journalistes de *Elle* me confient son numéro, je l'appelle tout de suite et je lui laisse un message. Mais le lendemain matin, quand elle me rappelle, je suis pressée, dans un taxi, immergée dans les bruits de la ville, je m'y prends mal. Et, bien sûr, ça la heurte.

Parce que Mathilde, elle, ses enjeux ne sont pas les miens. Elle, c'est de sa vie dont il est question et de son combat pour donner à la vérité une porte de sortie. Ce qui a dégoupillé Mathilde, ce sont les réponses du psychanalyste aux journalistes sur l'affaire Jacquot et sa responsabilité d'intervieweur. Par exemple, dans *Le Parisien* du 9 janvier 2024 : « Si quelqu'un m'avait demandé si je pouvais refaire treize ans plus tard ce même film [le documentaire *Les Ruses du désir : l'interdit*], j'aurais répondu négativement. #MeToo ayant produit ce qu'on appelle en psychanalyse un effet de vérité, celui-ci oblige à repenser non seulement les relations entre les hommes et les femmes, mais aussi la façon dont on en parle et dont on les filme[1] » ; ou encore : « Après avoir regardé la série de Judith Godrèche, qui revient sur ce qu'elle a vécu et surtout après l'avoir entendue chez *Quotidien*, il est encore plus évident pour moi que tout serait à revoir dans ce film. Il y a eu les témoignages d'Adèle Haenel et de Vanessa Springora. Aussi déterminant est désormais celui de Judith Godrèche… » L'entendre vanter « l'effet de vérité » et déclarer que les témoignages sont importants, celui de l'actrice « déterminant », le voir se placer du « bon » côté de #MeToo a de quoi mettre en colère.

Mathilde ne supporte plus la chape de plomb qui pèse sur les agissements présumés de Gérard Miller. Elle, elle se débat, elle a travaillé sur elle-même pour essayer d'atténuer la souffrance du traumatisme, mais sa colère ne se tarira pas tant que Gérard Miller pourra continuer tranquillement sa vie ; la sienne s'est arrêtée à cause de lui en mars 2004. Intelligente, sensible, blessée, elle voudrait que tout sorte, mais redoute de perdre le contrôle sur ce qu'elle dit ou ce que l'on va en faire. Elle porte les stigmates de ce qui lui est arrivé, à l'instar de Charlotte et Armelle, dont la perte de confiance

1. Renaud Baronian, « Pourquoi Judith Godrèche s'est décidée à livrer le nom de Benoît Jacquot, avec qui elle vivait "sous emprise" à 14 ans », *Le Parisien*, 9 janvier 2024.

en autrui. Le fait d'avoir été mise violemment en situation de soumission, de ne plus rien maîtriser l'a amenée à vouloir à tout prix tout contrôler. Bien sûr, je ne le saisis pas tout de suite mais le jeudi, quand elle m'informe qu'elle ne veut pas que je l'interviewe le vendredi alors que nous avons déjà décalé plusieurs fois, que je suis tenue par le temps et que la visio est finalement reportée au lundi, ce qui m'oblige à monter mes images le week-end. Je mésestime le besoin de Mathilde de tout vérifier avant l'interview. J'essaie de lui proposer des lieux de tournage, mais qui ne lui conviennent pas. Je finis par m'impatienter, car je suis fatiguée et je propose bêtement qu'on le fasse sur un banc, puisque rien ne lui va. Elle raccroche et m'envoie un message me disant qu'elle ne fera pas l'interview parce que je ne comprends pas.

Je ne comprends pas, mais je la comprends : il lui faut de la sécurité, du réconfort, un cadre clairement posé, pas de surprises, qui pourraient être mauvaises. Sa parole doit être entendue, prise au sérieux, ses requêtes aussi. Une façon de lui montrer du respect, ce respect dont elle a tant manqué. Vouloir négocier avec elle est déjà une agression… Elle a raison, c'était vraiment idiot de ma part d'être aussi négligente, je le mesure et je le regrette. Alice Augustin de *Elle* m'avait pourtant très gentiment donné des conseils, m'avait expliqué combien Mathilde donnait son aval, un « ça, c'est ok » ou « ça, c'est pas ok », sur ce que les journalistes proposaient. Alors, je fais amende honorable, pas seulement pour récupérer mon témoin, mais parce que j'ai honte de ne pas avoir pris plus de temps avec une victime et de l'avoir blessée. Avec Lucie, nous commençons à gérer beaucoup de témoignages, nous devons faire le tri, les recouper, et j'aurais dû être plus attentive. Je lui envoie un message le plus sincère et honnête possible. Je lui présente mes excuses et j'accède à toutes ses demandes : nous ne filmerons pas de détails d'elle, il n'y aura aucune mise en scène, ni son interaction avec son avocate, Anne-Claire Le Jeune, et je lui donne les thématiques des questions que je vais lui poser. Elle souhaiterait, pour illustrer musicalement les passages qui la concernent, un très beau titre de l'artiste Clara Ysé, « Douce ». Elle a essayé d'appeler la maison de disques, elle n'y parvient pas et ça la perturbe. J'apprends à m'adapter à des femmes qui ont été traumatisées et dont le rapport aux autres peut être complexe.

À mon message, Mathilde met trois heures à répondre. Trois longues heures pendant lesquelles je désespère. Je ne peux pas faire sans Mathilde. Nous avons décidé avec Élise Lucet et le rédacteur en chef de la société de production de ne faire parler que trois des victimes présumées de Gérard Miller. Notre choix est motivé par notre délai, très court, dix jours, et par l'impératif de vérifier les témoignages en interviewant quelques proches ou témoins des faits le plus souvent anciens, autrement dit, dans notre jargon, de les « fact-checker ». Ce que nous avons fait pour Armelle, Charlotte et Mathilde.

Cette dernière m'appelle donc trois heures plus tard d'une voix très sèche pour me dire trois choses : merci pour le message, ok je vais le faire, tu as dû comprendre ce que je voulais te dire. Je suis soulagée mais, pour autant, pas très rassurée. Avec Armelle et Charlotte, j'étais à l'aise, là, j'appréhende l'interview du lendemain. Et si demain elle ne venait pas ? Quel sens, quel message aurait notre reportage ? Il est essentiel qu'une des victimes soit face caméra, c'est plus fort, plus audible. Dans mon travail de journaliste, on m'a souvent dit : « Si le témoin se cache, se cache pour parler, c'est que l'on a des choses à se reprocher… » Et flouter les images pour protéger les victimes, ne permet pas de voir les sentiments que les visages laissent transparaître, les grimaces, les yeux… Si j'ai en tête qui j'ai en face, une femme très structurée, très courageuse (elle a la force de montrer son visage), qui espérait depuis longtemps pouvoir parler, pouvoir se montrer, parce que c'est son tour, tout ira bien. Et je suis prévenue que nous n'aborderons pas précisément ce qui s'est passé une fois que son agresseur se trouvait sur elle, démunie. Mathilde ne veut plus revenir dessus, peut-être pour ne plus être une victime, pour se dégager de la nasse dans laquelle elle a été plongée de force.

Le vendredi matin, je me lève très tôt, je veux être certaine que tout est parfaitement mis en place pour m'entretenir avec Mathilde. Nous nous sommes beaucoup parlé mais je n'avais pas encore vu son visage qui, comme celui d'Armelle, est angélique. Des cheveux et des yeux bruns, la peau claire, des longues mains expressives et une silhouette gracile, Mathilde est une jolie femme dont on sent la puissance mais aussi les cicatrices. Elle s'est levée à 5 heures ce matin pour sauter dans un train et me rejoindre à Paris pour être ici. Et jouer son rôle, celui d'expliquer.

Je l'ai rencontré le 9 mars 2004, j'avais dix-neuf ans. Avec une amie, nous sommes allées assister à l'émission On a tout essayé *dans le public. À la fin de l'émission, je voulais lui demander un autographe pour mon père, pour lui faire une blague. Mon père aimait beaucoup Gérard Miller, donc j'ai fait cet autographe. À la suite de cela, il nous a proposé d'aller voir un spectacle au Palais des Glaces. Nous étions plutôt enjouées par cette proposition. Avec mon amie, nous y sommes allées le soir même. En entrant dans le théâtre, nous sommes passées par le hall du Palais des Glaces. Gérard Miller nous a appelées et nous a interpellées : « Alors, ça va ? Vous êtes bien arrivées ? Vous avez bien trouvé ? » Les gens qui attendaient nous regardaient, c'était un peu étrange et malaisant. Nous avons regardé le spectacle et, à la fin, en descendant, nous l'avons revu avec un ami. Il nous a demandé notre âge, dix-huit et dix-neuf ans. Il semblait satisfait de la réponse. Ensuite, il nous a proposé d'aller boire un verre chez lui, et son ami a dit quelque chose comme « Ah, les petites femmes de Gérard » ou « Gérard et ses petites femmes ». Avec mon amie, nous sommes allées chez lui à vélo, ce qui a pris un certain temps. En arrivant, il nous a fait visiter sa grande maison, puis nous sommes descendues dans une salle de projection où il nous a offert un verre. Je ne me souviens plus de ce que c'était, mais je sais que j'en avais parlé plus tard à une amie en disant que c'était un alcool de vieux. Je buvais très peu à l'époque. Ensuite, il nous a proposé de faire un jeu qu'il faisait avec ses patients. Le terme de « jeu » semblait sympa, et savoir qu'il le pratiquait avec ses patients paraissait sérieux.*

Nous sommes montées et, dans l'escalier, je me suis sentie fatiguée, peut-être à cause de l'alcool. Nous sommes allées dans une pièce à droite, la fameuse pièce japonisante, dont je ne me souviens pas des détails. Il nous a demandé de nous allonger, moi et mon amie, et se met entre nous deux. Il nous a dit de fermer les yeux et de nous concentrer sur notre respiration pour atteindre un état de détente. Je me souviens de la phrase qu'il a dite, citée dans mon témoignage au magazine Elle *: il nous a dit d'imaginer un désert avec un cheval qui représentait notre amant. Il nous posait des questions sur la distance de ce cheval par rapport à nous, tout en nous caressant progressivement, d'abord les mains, les bras, puis le ventre et sous le pull, jusqu'à la poitrine. Je ne sais plus comment ça s'est arrêté, si c'est mon amie qui a mis fin à cela. C'était étrange, car je n'ai pas réagi lorsqu'il m'a touchée, probablement à cause d'un état de sidération. Pourquoi je n'ai pas réagi à ce moment-là, je ne saurais l'expliquer. Est-ce une sorte de confiance aveugle ? Je ne sais pas. En sortant de la pièce, mon amie voulait partir et me disait de venir. Il m'a proposé de rester pour discuter. Mon amie insistait pour partir, mais il a dit : « Tu peux rester dormir, j'ai une chambre d'amis et je te prêterai un T-shirt. » Cette phrase m'a mise en confiance et j'ai vu cette expérience comme quelque chose d'extraordinaire. Mon amie est partie et nous sommes allés dans sa chambre. Nous nous sommes assis sur son lit pour discuter, mais la discussion a été* *courte. À un moment donné, il se tourne vers moi et met sa langue dans ma bouche de manière soudaine.*

Tout s'est passé très vite. Il est venu sur moi et c'est là que j'ai compris ses intentions. J'ai ressenti comme un piège qui se refermait sur moi. Mon cerveau a disjoncté et je me suis dissociée, comme si je voyais la scène de l'extérieur. Je n'avais aucune notion de ce qu'était la sidération à l'époque. J'étais figée mais mon corps mort tremblait et il m'a dit : « Regarde, tu trembles. » Il ne semblait pas inquiet de mon état. Je ne rentrerai pas dans les détails, mais il a profité de moi comme un buffet froid. Je ne sais plus comment ça s'est terminé. Nous sommes descendus et il m'a donné son numéro sur un petit papier de bloc-notes. J'étais perdue, ne comprenant pas ce qui se passait. En partant, il m'a proposé un taxi. Je voulais un taxi car je n'avais plus de force, mais je savais que si je prenais un taxi, je devrais revenir chercher mon vélo et je ne voulais plus jamais retourner dans cette maison.

Le témoignage de Mathilde est poignant : elle a beaucoup analysé, percé à jour les mécanismes dans une agression, elle s'exprime très bien, avec beaucoup d'intelligence, elle a des formules génialement explicites et percutantes. En plus, elle a intégré les nécessités de l'exercice, comme de reprendre mes questions dans ses réponses, puisque je serai coupée au montage. Je suis vraiment bluffée par Mathilde. Ses propos sont édifiants et permettent d'affiner ma compréhension des rouages, des motifs de cette enquête sur le cas Gérard Miller.

D'abord, l'agression qui rend muette, grippe le cerveau et paralyse le corps. Clotilde Leguil décrit exactement ce qui fait silence chez la victime : « Là où le corps cède à quelque chose, alors que le sujet ne dit plus mot. C'est en ce point que je m'avance, là où celui ou celle "qui ne dit mot" se retrouve paralysé par l'effroi, pétrifié, transformé littéralement en corps de pierre. Glacé, le corps du sujet traumatisé subit une effraction qui ne permet plus de prendre la parole[1]. » Mathilde emploie l'expression de « sidération » et se demande pourquoi à ce moment-là elle ne réagit pas. Cette question horrible, la plupart des victimes la posent dans cette affaire et leur absence de réponse les enchaîne à un sentiment de culpabilité du type : puisque je n'ai pas réagi, c'est ma faute, je me suis laissée faire, j'ai donné l'impression que je n'avais rien contre.

Qu'elles étaient contre, qu'elles n'étaient pas d'accord, pourtant, de cela, elles en sont fermement certaines. Dans le cas d'Armelle ou de Charlotte,

1. Clotilde Leguil, *Céder n'est pas consentir*, PUF, 2021.

leur crispation au moment où l'hypnotiseur-masseur met ses mains sur elles. Crispation qu'il leur fait remarquer. Ne voit-il pas qu'elles se tendent, que ce n'est pas un « oui » ? Comme le dit avec humour Mathilde, « ce n'est pas Brad Pitt non plus ».

Les jeunes filles ne consentent pas, elles cèdent. Comme l'explique Clotilde Leguil : « Le "céder" est une réponse du corps là où il y a une non-réponse du sujet, une impossibilité pour le sujet de dire quoi que ce soit. Le "céder" est un lâchage[1]. » Mathilde, elle, dit : « Je me suis dissociée, comme si je voyais la scène de l'extérieur. » Elle est dans un état qu'elle ne connaît pas et qu'elle ne comprend pas, un état qui fait très peur. Ernestine Ronai et Édouard Durand décrivent minutieusement ce phénomène de dissociation, de disjonction : « Les violences sexuelles sont particulièrement terrorisantes et incompréhensibles, elles créent chez les victimes une effraction psychique qui provoque un état de sidération. Les victimes se retrouvent paralysées psychiquement et physiquement, pétrifiées, dans l'incapacité de réagir, de crier, de se défendre ou de fuir. Cette sidération de l'appareil psychique bloque toute représentation mentale et empêche toute possibilité de contrôler la réponse émotionnelle extrême qui a été déclenchée par une structure

1. *Ibid.*

cérébrale sous-corticale archaïque de survie : l'amygdale cérébrale[1]. »

À mon sens, Gérard Miller, pour avoir étudié la psychologie, n'ignore pas ce que connaissent les deux auteurs de l'ouvrage. Il sait que ses victimes ne se défendront pas, qu'il ne risque rien, qu'il peut profiter tout son saoul de leur corps tel un « buffet froid », comme le dira Mathilde. Il nous l'a prouvé depuis le début de cette enquête, le consentement ne serait pas un problème. Car il n'existe pas, il n'est pas posé. Le psychanalyste se défend pourtant en jurant qu'il l'a obtenu puisqu'il ne lui a pas été refusé. Ce qui relève de la rhétorique. S'il est habile de sa part, selon moi, de jeter le consentement dans sa plaidoirie, c'est parce que « la question sur le consentement de la victime aboutit à la suspicion à l'égard de la victime. La société s'intéresse à l'attitude de la victime plutôt qu'à celle de l'agresseur[2] ». En clair, Gérard Miller se servirait du consentement pour déplacer le problème. Ou peut-être se fait-il croire qu'il l'a obtenu ? Quand il dit à Armelle qu'elle avait l'air d'apprécier ses assauts, s'en est-il convaincu ? Je finirai par avoir la preuve qu'il savait très bien que

1. Ernestine Ronai et Édouard Durand, *Violences sexuelles : en finir avec l'impunité*, Dunod, 2021.

2. *Ibid.*

ses victimes présumées n'étaient pas consentantes. Mais je vais trop vite.

Pour l'instant, je suis remplie de reconnaissance et d'admiration. Mathilde vient de m'accorder une interview très riche en regardant la caméra bien en face, les yeux dans les yeux de son agresseur. Les trois femmes qui m'ont confié leur témoignage m'obligent, exigent que je me dépasse, elles m'impressionnent tellement que je me dois de faire le mieux possible. Et ce n'est pas fini, j'ai encore beaucoup de choses à apprendre, d'informations à récupérer.

En arrivant gare de Lyon, comme je suis très en avance pour mon train qui va m'emmener vers le professeur Castelnau, un médecin qui pratique l'hypnose avec ses patients du CHRU de Tours et que je vais interviewer, j'en profite pour rappeler Yasmine, l'une des victimes présumées de Gérard Miller. Je tiens à lui parler parce que je sais qu'elle a été agressée alors qu'elle n'avait que quinze ans, comme Charlotte, que ça ne s'est pas passé à Paris et qu'il y a eu plusieurs occurrences. Je me pose à l'écart de l'agitation de la gare et je l'écoute témoigner au téléphone pendant plus d'une heure. C'est la pire épreuve de toute mon enquête. Le récit que j'entends est si abominable que j'en vomis.

À Hammamet, dans le Club Med où sa famille, comme d'autres Tunisiens, habitent des maisons dont ils sont propriétaires, elle vit une idylle l'été de ses quinze ans avec un garçon du même âge qu'elle, Jérôme, le fils adoptif de Gérard Miller. Ils sont toute une bande de jeunes à traîner ensemble tandis que leurs parents, dont font partie le psychanalyste et sa femme de l'époque, Dominique, sont à part, entre adultes. La première fois que Yasmine rencontre le père de son flirt, elle le vouvoie, mais lui veut qu'elle le tutoie. Il semble adorer les jeunes, elle dit : « Gérard vient très souvent nous voir, nous les jeunes, il nous appelle "les jeunes", il vient et dit : "Ah, oui, je préfère rester avec vous qu'avec les adultes." »

Il profite d'une soirée d'ennui pour faire une leçon d'hypnose à la clique de jeunes, avec exercice pratique derrière. Sur Yasmine, la séance semble fonctionner à merveille, Gérard Miller lui aurait dit : « Tu es très suggestible. » En fait, il la prépare pour la suite, il fabrique un souvenir qui va servir de clé. Un ancrage. Dès qu'il lui touchera à nouveau le bras, elle replongera dans le même état.

Yasmine me dit qu'il a réitéré plusieurs de ces petites séances d'hypnose rapides, furtives, au moins trois fois, ce qui lui permet d'y associer l'ancrage, un geste associé à chacune de ces séances.

Comme le dernier soir des vacances. Alors que le jeune couple profite d'un spectacle où tout le club est réuni pour s'esquiver et chercher un joli coin pour se dire au revoir, Gérard Miller sort d'un buisson comme un diable de sa boîte et, sous un prétexte que Yasmine n'a pas le temps de décortiquer, il entraîne son beau-fils et sa petite amie dans le mini-club, où il avait intentionnellement laissé ouvert une fenêtre, leur dit-il, et là, il les sépare pour les hypnotiser. La suite, à ce stade du livre, est facile à deviner. Jusqu'à présent, Yasmine n'avait fait que des bisous à ses amoureux. Là, elle aurait été violée avec les doigts.

L'année – 1993 – où Gérard Miller aurait violé Yasmine, quinze ans, petite amie de son fils adoptif, il est fait chevalier de l'ordre national du Mérite, médaille qui récompense « les mérites distingués, militaires ou civils, rendus à la nation française ».

Les conséquences sur la santé physique et mentale de Yasmine ne se font pas attendre, ses résultats scolaires jusqu'alors brillants déclinent, elle déclare des insomnies, des terreurs nocturnes. Mais tant que sa relation avec Jérôme se maintient, sa colère reste en paix. Elle revoit même son agresseur présumé à Paris où il la promènerait comme un trophée tout en la présentant comme la fiancée de son fils. Ensuite, ça tourne mal. Sa vie se déglingue davantage, elle vient faire ses études en France, mais elle se désintègre, ne travaille pas, fume pour oublier, fait n'importe quoi, ne s'en sort pas. Un soir, elle décide avec ses amis colocataires de Toulouse d'appeler Miller pour lui dire ce qu'il lui a fait et exiger qu'il le reconnaisse. Il décroche, elle trouve le courage de parler. Il répond : « Mais j'étais fou amoureux de toi, Yasmine ! » et lui propose de le lui expliquer de vive voix. Dès le lendemain midi, sans la prévenir, il l'appelle place du Capitole, il est déjà à Toulouse. Et c'est là que tout s'aggrave. C'est là que l'histoire s'emballe et devient presque inconcevable. Pourtant, avec le témoignage de ses proches et ce que je sais maintenant des mécaniques qui animent une victime, je suis certaine de la sincérité de Yasmine.

Il lui donne rendez-vous place du Capitole, l'endroit le plus fréquenté de la ville, dans une brasserie, Le Florida, la plus fréquentée de la ville, où il est sûr qu'il sera vu en sa compagnie. Ce qui invaliderait toute tentative de plainte. On l'aura vue à table en train de déjeuner avec lui, la célébrité que tout le monde remarque. Quand elle arrive, il a déjà commencé à déjeuner. Ce qui est troublant, c'est qu'une bouteille de vin blanc est déjà ouverte et il lui en propose un verre déjà posé sur la table. Pour se donner du courage, elle accepte qu'il la serve. Elle se souvient du serveur, d'une dame qui vient lui dire « Vous êtes Gérard Miller », elle se souvient qu'il parle du beau temps qu'il fait ce jour-là. Puis plus rien. Black-out. Quand elle se réveille, elle est nue dans un lit, avec Gérard Miller qui la regarde en souriant. Elle s'échappe de la chambre, se rend compte qu'elle est dans un hôtel, s'y perd en cherchant la sortie et se retrouve... place du Capitole, en face de la brasserie.

Le cauchemar pourrait s'arrêter là. Mais non. Comme Yasmine va évidemment de plus en plus mal, elle se retrouve dans un cul-de-sac universitaire. Alors, elle décide de faire payer Miller, de lui demander non pas de dire la vérité comme la dernière fois, mais de réparer ce qu'il a fait en la pistonnant pour qu'elle puisse réintégrer un cursus de psychologie. Et c'est là que survient un troisième épisode puisqu'il n'y a pas de limites à l'abus chez celui qui a commencé...

Yasmine, cette fois, vient le voir à Paris chez lui. Son petit ami de l'époque l'attend à l'extérieur dans une voiture. Gérard Miller consent à passer un coup de fil à l'un de ses pairs pour recommander la jeune fille, mais se fait rémunérer le service juste après. Avec l'hypnose qui sur elle fait des merveilles, il est sûr de son coup. Ce jour-là, elle s'en souvient, elle était paralysée mais consciente, il l'aurait violée sur le canapé derrière le bureau. Yasmine est la seule à donner des détails du corps de Gérard Miller, notamment une épaule plus basse que l'autre qui la « dégoûtait », comme si cette légère difformité en révélait d'autres.

Finalement, Yasmine n'a pas fait psycho, mais du droit.

J'avais repéré, en écoutant Armelle, Charlotte et Mathilde, la façon dont l'agresseur présumé, après être passé à l'acte, se comporte sans aucune gêne, avec une innocence feinte, comme s'il ne s'était rien passé, au point de rappeler ses victimes présumées, et de tenter à nouveau de les approcher. À Armelle, il envoie un message deux jours après l'agression présumée pour l'inviter sur le plateau de l'émission et compléter ainsi son petit reportage : « Salut ! Alors, quand m'accompagnez-vous à l'émission ? Et toi ? Amitié ? GM » La modalité interrogative après « Amitié » surprend puisqu'elle semble dire : « On est bien amis, hein ? Tout va bien ? Tu ne m'en veux pas ? » Armelle décide d'accepter et donc de le revoir, elle dit : « Même si cette histoire me fait mal au cœur, je vais aller à l'émission. Je veux en avoir le cœur net. » Sur place, il n'affiche aucune espèce de malaise, il est accompagné d'autres filles, il est passé à autre chose. D'ailleurs, comme ça, en feignant cette « normalité », il renvoie la victime présumée dans la fiction, il la conditionne au doute. Puisque tout semble apparemment sans problème, peut-être a-t-elle rêvé ? Peut-être a-t-elle exagéré ? Peut-être a-t-elle inventé tout ça ? Comme la différence entre température réelle et ressentie.

Avec Charlotte, il essaie la deuxième prise. Mais il échoue, elle ne répond pas. Avec Mathilde, il tente aussi. Il lui écrit pour l'inviter au théâtre. « C'est très perturbant, analyse-t-elle. En faisant ça, il me propose une issue, il me propose un récit. » En effet, une deuxième fois, ça commence à faire une histoire. Une histoire, ça arrange le réel, ça l'ennoblit aux yeux de tous les protagonistes, et surtout, surtout, ça protège, c'est une assurance au cas où.

Si l'agresseur revoit sa victime, c'est que sa victime nécessairement était consentante, mieux, satisfaite, puisqu'elle y est retournée. Si c'était si désagréable que ça, pourquoi revenir sinon ? Si l'agresseur revoit sa victime, c'est qu'il n'éprouve pas de culpabilité, pourquoi alors l'accuse-t-on de quelque chose ?

Ces questions, vous vous les posez certainement, tout le monde se les pose. Même la justice. Et c'est bien ça le plus triste. On y tient tant à notre « présomption d'innocence » en France qu'elle pervertit les raisonnements et les fonctionnements. Plutôt que de chercher des preuves de la culpabilité de l'agresseur présumé, on documente les éventuels mensonges, défaillances de mémoire, récits des victimes présumées.

Pourtant, depuis Sigmund Freud, on sait pertinemment pourquoi une victime, comme un criminel, retourne là où le crime s'est produit. Bien que le cas de la petite Emma n'ait jamais été publié directement par l'inventeur de la psychanalyse, il est connu des spécialistes, de tous ceux qui travaillent sur le traumatisme : Emma Eckstein, huit ans, va acheter des friandises chez l'épicier qui en profite pour lui agripper le sexe à travers ses vêtements. Malgré cette première agression, l'enfant retourne dans la boutique. Clotilde Leguil décrypte grâce à Freud la tentation du retour chez la victime : « On retourne sur les lieux pour essayer de savoir ce que l'on a perdu et peut-être pour le récupérer. Ce qui est certain, c'est qu'il lui est arrivé quelque chose et qu'elle ne peut revenir en arrière. Ce retour est de l'ordre d'une répétition des conditions de ce qui a eu lieu comme pour comprendre. Après ce temps de voir traumatique, elle y retourne pour voir encore ce qu'elle n'a pu comprendre. »

Dans l'histoire de Yasmine, ce processus apparaît très clairement dans son doublé. La première fois, elle recontacte Gérard Miller pour obtenir des excuses, « retrouver la parole perdue à l'endroit de l'abus », selon les termes de Clotilde Leguil. Quant à la deuxième fois, elle y retourne pour réparer son préjudice, récupérer quelque chose en échange de ce qui lui a été volé, pris. Prix d'elle-même, pour faire lacanien.

Ce qui est fascinant dans le personnage de Gérard Miller, c'est cette répétition permanente, qu'un psychanalyste comme lui aurait dû savoir identifier comme une « compulsion de répétition » (Freud l'établit en 1920) ou « répétition pulsionnelle ». Sachant que, dans ce cas, ce ne sont pas des pulsions de vie, sexuelles, qui sont à l'œuvre ici, mais de mort. Comme nous l'énoncera clairement le juge Édouard Durand : « Quand un agresseur commet un viol ou une agression sexuelle sur un enfant ou une personne adulte, on n'est pas dans le registre de la déviance sexuelle, de l'excès dans la sexualité, on est dans le rejet de la sexualité puisqu'on est exclusivement dans le registre de la domination du pouvoir et de faire de l'autre un objet. »

Malgré son analyse de huit ans et demi, Gérard Miller n'aurait pas perçu la raideur de son fonctionnement (qui correspond à cette raideur corporelle que les chroniqueurs de l'émission de Ruquier moquent), son caractère répété, mécanique, non humain. Pourtant, ça saute aux yeux, cette façon de fonctionner systématique, cette sérialité totale : il réitérerait les agressions sur un nombre massif de victimes présumées, qui, en plus, se ressemblent toutes, il reproduirait systématiquement le même scénario et il récidiverait avec la même victime présumée. Trois fois dans le cas de Yasmine.

En cherchant à faire perdurer le lien et/ou réitérer l'agression présumée, on dirait qu'il verrouille la culpabilité de la victime présumée et le silence qui l'accompagne, qu'il aggrave sa honte, son sentiment d'impuissance et d'être une chose, rien. Je vois dans cette emprise totale et cette manière de garantir sa domination à durée indéterminée quelque chose qui relève de la perversion.

6

Le droit du plus fort

> « J'aurais vu des choses,
> je me serais battu en faveur
> des victimes. Là, je n'ai rien vu.
> C'est que ça devait être bien rodé. »
>
> Philippe Geluck

Depuis le début, au cœur de cette enquête, il y a l'hypnose. Comme en France la pratique, déjà alourdie par une histoire tumultueuse et beaucoup trop de mystère et de légendes, se trouve dans une zone trouble, sans diplôme officiel, ce qui autorise un nombre incalculable de charlatans d'investir la pratique, ce ne sera pas la partie la plus facile de mes recherches. On les comprend les thérapeutes : ils se sentent mis en cause et leur profession avec. Les professionnels de santé qui pratiquent l'hypnose semblent avoir peur de me parler. Ils redoutent d'être associés à l'affaire Miller, d'être critiqués par leurs collègues voire délaissés par leurs patients. Certains d'entre eux se plaignent aussi que les médias, et je m'inclus dedans, aient surtout ciblé le côté « hypnotiseur » plus que « psychanalyste » dans le récit des faits. Pour eux, il est injuste de stigmatiser et « diaboliser » ainsi l'hypnose au travers de cette affaire alors qu'elle rend service à tant de patients.

Si la psychanalyse aussi prête souvent à controverse, elle a meilleure réputation que l'hypnose. Freud, à l'instar de Charcot, s'est passionné pour l'hypnose et l'a beaucoup utilisée. Le vendredi 23 février 2024, je rencontre au CHRU de Tours le professeur Castelnau, chef de service et président de la Confédération Francophone d'Hypnose et Thérapies Brèves (CFHTB). Comme il me l'explique, de nombreux professionnels de santé pratiquent aujourd'hui ces techniques et font un travail remarquable auprès des patients. Le Pr Castelnau m'a tout expliqué au téléphone. Il m'a émue et enthousiasmée sur les bienfaits que peuvent apporter ces techniques dans de nombreuses disciplines médicales ou chirurgicales. Avec son équipe, il mène des recherches, écrit dans des revues médicales et scientifiques pour promouvoir cet outil thérapeutique auquel il croit beaucoup, résultats à l'appui. Il mentionne ainsi par exemple les progrès spectaculaires et durables obtenus grâce à l'hypnose chez les enfants atteints de troubles de l'attention (TDAH).

Au cours de l'interview, le Pr Castelnau effectuera une démonstration pour me montrer l'efficacité et les pouvoirs de l'hypnose. En quelques minutes, il fait lever la main de l'assistante de communication présente durant la rencontre et qui s'est portée volontaire. Elle ne semble plus maîtresse de ses gestes. C'est très impressionnant. J'en conclus qu'il faut encadrer la pratique de ces techniques puissantes. Partageant totalement ce constat le médecin me confirme que c'est le souhait de tous les professionnels de santé et de la société savante qu'il préside et qui regroupe plus de 1000 praticiens francophones.

Je n'obtiendrai aucun commentaire sur Gérard Miller de la part du professeur qui invoque l'instruction de l'affaire par la justice à l'heure où nous nous parlons et qu'il n'est donc pas censé s'exprimer sur ce sujet. Je repars avec la conviction que l'hypnose est une technique puissante mais que le problème n'est pas là. Le problème c'est l'utilisation que l'on en fait : c'est l'absence d'encadrement de ces pratiques qui peuvent être très utiles auprès de professionnels fiables et très problématiques entre des mains malveillantes.

En revenant à Paris, je contacte un hypnotiseur de spectacle dont j'ai le numéro mais dont je sais que je ne pourrais l'intégrer dans le sujet parce que je ne peux le mélanger avec le professeur Castelnau. Mon intention est de ne surtout pas discréditer l'hypnose à la suite de Miller.

Il s'appelle Hervé Barbereau et lui aussi est intarissable sur le pouvoir de l'hypnose. Lui, il en fait des spectacles où il joue à manipuler, à faire dire son code de carte bleue malgré elle à une spectatrice, à faire répéter des phrases absurdes ou à faire effectuer des gestes inattendus. Il insiste sur la facilité avec laquelle il peut prendre le contrôle d'individus, confirmant par là même, que Gérard Miller aurait pu mettre ses victimes présumées dans des états de soumission, les amener à une inertie dont il aurait profité. Les récits concordants, avec parfois les mêmes termes qui reviennent, de femmes qui ont eu droit à une séance d'hypnose n'ont donc rien de farfelu. Certaines personnes seraient plus « suggestibles » que d'autres, telle Yasmine, mais n'importe qui est susceptible d'être « hypnotisé ».

Comme le disait son professeur au jeune Gérard qui s'amusait déjà à prendre le pouvoir sur autrui, l'hypnose ne fonctionne pas toujours, mais la suggestion si, à tous les coups. L'enseignant était allé jusqu'à mentionner Hitler qui « n'hypnotisait pas les foules » mais utilisait les mêmes ressorts que ceux qu'il utilise lui pour ses petits exercices. Ce qui est intéressant à observer, c'est encore une fois un paradoxe, une ambiguïté, une ambivalence qui lui permet d'engendrer des mystères et de générer des doutes. Comme avec l'astrologie, que Gérard Miller passe un livre entier à critiquer en s'y livrant, il laisse l'hypnose à la porte de son cabinet, mais parle d'hypnose autour de lui et propose souvent des « petits jeux », des « petits exercices ». En 2008, à titre d'illustration, il s'exhibe sur la scène du théâtre de Dix Heures et « dévoile avec humour et ironie les manigances de grands hypnotiseurs », d'après l'argumentaire de presse. Dans son autobiographie, il se vante d'être un bon hypnotiseur mais jure qu'il n'a plus jamais profité de l'hypnose pour manipuler qui que ce soit. Il aurait continué exclusivement pour enseigner l'histoire de la psychanalyse et épater la galerie.

En 2001, alors qu'il serait dans une période faste, il écrit : « À l'exception de quelques expériences à l'université Paris VIII, dans le cadre d'un cours sur la généalogie de la psychanalyse, et quelques autres pour la [montrer], je n'ai jamais renoué avec cette pratique[1]. » Il déclare donc d'un côté qu'il a compris les dangers de l'hypnose, mais de l'autre en use à sa convenance. Et puisqu'il parle à visage découvert de manipulation, il n'est pas soupçonné de manipuler. Exactement comme sur le plateau, devant les chroniqueurs et toute l'équipe technique, il ne cache pas ses « conquêtes », ses « prises de guerre » et puisqu'il ne les dissimule pas, il ne dissimule pas. Son paradoxe n'en serait donc pas un, il correspondrait à une stratégie, noyer le poisson, embrouiller, jongler avec la vérité, avec la situation. Avec l'autre.

Pour cela, il a développé un talent incomparable au cours des trente ans pendant lesquels il aurait sévi. Au fond, ce qui compte, c'est s'amuser selon ses règles à lui, les règles qu'il conçoit, les jeux qu'il invente (comme « La Murder Party » l'été, ou soirée meurtre et mystère sur le modèle de *Ils étaient dix* d'Agatha Christie, d'après son « Portrait inattendu » sur Europe 1, information qu'il n'a pas contestée), il est le démiurge, le metteur en scène, le marionnettiste (Mathilde se comparait à une « poupée de chiffon » qui, par l'hypnose ou la soumission chimique, mettrait enfin le monde à sa portée, aurait enfin le contrôle sur les événements, sur le destin).

Hervé Barbereau, lui, en a côtoyé, des agresseurs, mais sans le savoir. Enfin si, à la fin, quand la police

1. Gérard Miller, *Minoritaire*, *op. cit.*

venait les chercher sur scène, au cours d'un spectacle dans lequel il était à l'affiche avec eux. Il m'assure que la scène s'est produite plusieurs fois. Il me parle du « crédit du médecin » dont est auréolé l'hypnotiseur, crédit qui explique la crédulité des personnes arnaquées, agressées sexuellement ou carrément violées. Son anecdote me fait froid dans le dos, j'essaie de me convaincre qu'il exagère, qu'il voudrait aller dans le sens de l'affaire.

Ce jour-là, je m'obstine à avoir une discussion éclairante avec un hypnotiseur mais thérapeute cette fois-ci. J'en trouve un qui n'ose pas parler à découvert mais m'explique des choses intéressantes sur les fondements mêmes de l'hypnose. Quand Gérard Miller emploie, lui, l'hypnose pour manipuler, soumettre, mon expert parle de « liberté », de « propre chemin ». Il insiste tristement sur le fait que « la vraie hypnose thérapeutique consiste non pas à avoir une emprise (du passé, de la douleur, de la souffrance), mais au contraire à soustraire à une influence, à une manipulation ». À la fin de cette conversation qui m'a permis de bien rétablir les vraies nature et fonction de l'hypnose, il fait allusion à « PPDA qui, lui, n'a pas utilisé l'hypnose, sa célébrité suffisait » et me rappelle que Gérard Miller, avant même d'hypnotiser à proprement parler ses victimes présumées, les aveugle, les étourdit, endort leur vigilance. Avant toute chose, n'oublions pas que, comme Weinstein,

Epstein ou Brunel, cas que je connais le mieux, le pouvoir et l'argent sont de puissants psychotropes qui altèrent l'état de conscience de celles qui s'en approchent.

Cette « dissymétrie » dont convient dans ses deux argumentaires successifs Gérard Miller, il la minimise puisqu'il omet que cette inégalité originelle de statut, il en fait son réel terrain, sa force au moment des agressions. Il la joue, la surjoue, même. En choisissant des jeunes filles qu'il domine sur tous les plans. D'après ses amis, Gérard Miller ni ne boit ni ne se drogue. Une façon de toujours garder le contrôle.

Le week-end qui suit mes interviews d'hypnotiseurs et ma découverte de l'histoire abominable de Yasmine, je sais que nous allons être sous pression, ma coéquipière Lucie Remy et moi. Nous avons deux jours pour finir de monter le sujet d'ici au visionnage avec Élise Lucet et son rédacteur en chef Gilles Delbos, la boîte de production et les représentants de la chaîne, dont le service juridique. Régulièrement, jusqu'à présent, nous avons, mon rédacteur en chef, ma co-réale Lucie et moi, fait des points téléphoniques avec l'équipe de *Envoyé spécial*. Elle est au courant de ce que nous avons réussi à obtenir ou pas. Elle sait aussi que nous avons un flot de rushes. Assez vite, au fil de la semaine, la question de notre axe s'est posée, de ce que nous voulions dire, expliquer. Allions-nous plutôt nous concentrer sur les victimes présumées ou nous atteler à démontrer la mécanique des agressions présumées ? Avec la bénédiction des trois victimes présumées, nous avons choisi la deuxième option. Aussi parce que la presse s'était majoritairement jusque-là intéressée aux victimes et à leur témoignage.

Nous allions donc raconter l'autre partie de l'histoire, celle d'un mode opératoire et d'une répétition sans fin, celle d'une exceptionnelle sérialité. Pour ce reportage, nous étions d'accord, Lucie et moi, sur le fait que l'on ne pouvait pas se contenter de donner la parole aux victimes présumées et ce, même si leur récit, leurs réponses à nos questions sont la source dans laquelle nous puisons pour mettre à jour le système Miller. En deux jours, nous avalons des heures et des heures d'interviews, sonores, plans de coupe, images d'archives : deux heures trente d'entretien avec Armelle, une heure trente avec Mathilde, deux heures trente avec Charlotte, une heure trente avec le professeur Castelnau, une heure avec Maître Anne-Claire Le Jeune, une heure avec les deux journalistes de *Elle*…

Monter, c'est une tâche très longue et éreintante. Jour et nuit, nous travaillons dans les bureaux de la société de production, non loin de la gare du Nord, en occupant deux salles de montage. Nous passons de l'une à l'autre et notre rédacteur en chef prend son week-end pour mettre la main à la pâte. Tout le monde est sur le pont avec ses cernes et son envie de faire le meilleur reportage possible.

Le lundi, nous avons un sujet à présenter qui dure trente-trois minutes, soit dix-huit de plus que ce qui avait été commandé, le double. Je me répète la phrase d'Élise : « C'est la timeline qui parle. » Pour autant, dans la nuit de dimanche à lundi, je ne dors pas du tout. Je me refais le film, je vérifie encore des infos, j'inverse des mots. Comme je suis freelance, j'ai l'impression d'être tenue à l'excellence en permanence, de jouer ma carrière à chaque coup, mais c'est surtout vis-à-vis des téléspectateurs que je n'ai pas le droit à l'erreur.

À 15 heures, tout le monde s'assoit dans la salle de réunion pour la projection. L'ambiance est assez solennelle, comme avant un procès. Avec un jugement qui tombera immédiatement après, dans trente-trois minutes. Comme je connais le film par cœur, je préfère m'installer au fond pour les voir de dos prendre des notes. Comment vont-ils comprendre cette histoire ? Est-ce qu'ils vont être émus ? En tout cas, ils écrivent beaucoup. J'envoie un texto à Lucie pour lui dire : « Ça risque d'être chaud, ils n'arrêtent pas d'écrire. » Le silence qui suit s'éternise pour moi. Puis Élise Lucet prend la parole pour dire qu'elle trouve le sujet très bien, qu'elle est impressionnée par ce qui est dévoilé, par la multitude d'informations qui sont données. Le rédacteur en chef, Gilles Delbos, semble plus détendu maintenant… Le juridique ne pose pas d'objection majeure, quelques conditionnels et précisions à ajouter seulement. Et la longueur de notre reportage n'est plus un problème.

Le jeudi 29 février 2024, au matin, alors que le reportage sur Gérard Miller va être diffusé le soir même, je reçois un appel d'Armelle. Elle est bouleversée à cause d'un article de la presse quotidienne qui annonce la diffusion de l'enquête et où il est écrit à propos des victimes présumées, dont mon amie, des phrases ambiguës qui peuvent laisser penser que ce sont elles qui ont harcelé le chroniqueur. L'entendre en pleurs me hérisse. Alors, je me débrouille pour récupérer le numéro du journaliste et je l'appelle. Dans les grandes lignes, je lui explique en douceur que c'est très dur pour les victimes de lire son article qui met à mal les efforts d'une équipe entière et heurte des victimes présumées pour lesquelles, déjà, la médiatisation, bien que libératrice, reste intimidante et brutale. Je ne veux pas l'agresser ni le vexer, j'aimerais qu'il rétablisse la vérité. D'ailleurs, dans la foulée, il va le faire sur l'édition électronique du journal. Mais la journée a mal commencé et je suis très fatiguée. L'exercice de passer à la télé relève pour moi du calvaire car je préfère être discrète et je trouve que c'est plus facile quand on fait des enquêtes de ne pas être identifiée physiquement – d'où mon empathie pour ceux que j'interviewe avec une caméra – et là, bien sûr, pour la promotion de mon sujet dans *Envoyé spécial*, je suis obligée de m'y plier. Heureusement, j'ai ma co-réalisatrice, Lucie Rémy, qui donne des interviews avec moi. Elle est drôle, Lucie, car elle est complètement détendue par cet exercice.

C'est avec elle, chez elle, dans son appartement, là où nous avions réalisé plusieurs interviews, que l'on se cale sur un canapé pour regarder France 2. Je suis à la fois excitée et terrifiée. J'appréhende beaucoup la réaction des victimes présumées, je voudrais que ça leur fasse du bien, que ça les aide. Et je voudrais que toute la France soit devant sa télé et soit choquée par ce que nous avons mis à nu. Je voudrais que tous les fans de Gérard Miller, qui l'écoutaient religieusement tous les jours sur la même chaîne, soient devant leur écran.

Ce soir-là, les téléspectateurs étaient 2,3 millions. Une bonne audience, très encourageante. Moi, je suis heureuse que notre travail ait abouti et qu'il soit vu, bien sûr, mais surtout parce que la parole a changé de camp. Les victimes présumées de Gérard Miller qui ont été, par honte, par culpabilité, par doute, par peur, reléguées dans le silence et l'invisible, sont celles qu'on écoute aujourd'hui. Mieux, celles qu'on entend. De ça, je suis fière, oui. Mon amie Armelle qui enfin a pu se libérer de l'histoire qui a orienté et saboté sa vie, la pétulante Charlotte qui attendait depuis longtemps de dire, Mathilde, mon témoin le plus compliqué et sensible, qui s'est tant battue pour que Gérard Miller, au moins, se taise, toutes, j'ai le sentiment ce soir de leur tenir la main. Les deux premières m'ont spontanément envoyé un message dans lequel elles me félicitaient et me remerciaient pour mon implication. La dernière a répondu au mien : « Chloé, oui, je l'ai vu hier soir je suis très contente des différents extraits que tu as sélectionnés et à la fois un peu frustrée de certains passages qui ont été coupés mais c'est le jeu et il y avait sûrement des redites dans tous les cas l'essentiel est là merci beaucoup à votre team bon repos du guerrier et profite bien maintenant de tes enfants. »

Mathilde a raison, après dix jours d'absence, pendant lesquels j'ai laissé Ashley, leur père, les gérer, je suis censée rentrer chez moi et me contenter de me reposer tout en profitant de mes enfants. C'est bien ce que j'ai essayé de faire. Je suis même partie en vacances, comme ça, sur un coup de tête, sans savoir où nous allions exactement. « Vers la montagne », ai-je répondu à mon conjoint quand il m'a demandé, après s'être mis au volant : « Alpes du sud ou Alpes du Nord ? »

En fait, le retour à la vie normale, ce calme-là, je ne l'apprécie pas comme je le devrais.

Ce qui est déprimant, c'est de passer d'une cinquantaine d'appels par jour à plus rien… Le vide soudain fait peur. Je tourne en rond, je m'ennuie et surtout, en moi la machine ne veut plus s'arrêter. Non pas que Gérard Miller soit devenu mon obsession, mais je suis frustrée d'avoir eu à travailler aussi vite, j'ai le sentiment de n'avoir pas trouvé toutes les cachettes, de n'avoir pas ouvert toutes les portes, de n'avoir pas accompli entièrement ma tâche. Peut-être ma proximité avec Armelle et l'histoire d'il y a vingt ans continuent-elles d'influer sur ma motivation, ma façon presque viscérale de décortiquer, de fouiller, de vouloir comprendre, tout comprendre. À ce stade, Gérard Miller s'est retranché chez lui – ou ailleurs, des rumeurs l'ont dit en Angleterre à un moment –, sa vie sociale s'est certainement grandement détériorée, son image est plus qu'écornée.

Mais que raconte-t-il à ses proches, sa famille, ceux qui l'aiment de façon inconditionnelle ? À ses enfants, qui étaient parfois présents dans la maison quand il se laissait aller, que ressentent-ils à présent à cause de lui ? Dans son portrait chez Vandel, je me souviens très bien qu'il était dit que sa famille était sa priorité, que c'était ce qui lui importait. J'ai aussi en mémoire Yasmine dont le petit copain, Jérôme, chantait les louanges de son beau-père qui l'avait adopté. Que va-t-il pouvoir leur dire ? Comment va-t-il se justifier ? Lui qui a toujours réponse à tout. Quelle sera la position de sa femme ? Et ses amis, la fameuse « bande à Ruquier ». Seront-ils dans le déni ? Et le milieu politique ? Ses anciens camarades de La France insoumise, qu'en pensent-ils ? Et le patron, Mélenchon ? Et ses anciens collègues du Média ? Tant de questions tournent dans mon esprit, tant de questions qui risquent de rester en suspens. C'est sûrement pour cela que j'écris ce livre.

Dans ces jours de vacances qui s'étirent, alors que je regarde mollement les sommets, je reçois plusieurs messages, des mails que l'on me fait suivre, de nouvelles victimes, de nouveaux témoins. Je décide de continuer l'enquête. Alors, je téléphone à l'une de mes connaissances qui peut me donner le contact d'un éditeur. Attentive à ce que je lui dis, elle commence par regarder mon reportage avant de me mettre en lien, grâce à Guy Birenbaum, avec les éditions Stock. Lors d'une réunion dans le bureau du directeur Manuel Carcassonne à Paris le 19 mars 2024, nous décidons de sortir ce livre rapidement, à l'automne. Je vais pouvoir continuer l'enquête.

Je ne prends même pas le temps de me réjouir, je m'y remets à peine rentrée chez moi à Marseille. Comme je ne suis pas très méthodique, je ne m'organise pas, je ne fais pas de tableau Excel, je n'ai plus qu'à suivre mon intuition. J'ai malgré tout noté ce qui m'avait fait défaut au cours du premier volet de mon enquête et surtout, je reprends mon cahier avec les contacts récupérés souvent grâce à Mathilde, qui s'est rapprochée de la plupart des victimes présumées de Miller. À la suite du reportage, des victimes m'ont contactée, comme Émilie (elle choisit de rester anonyme, nous avons donc changé son prénom). Ça tombe bien parce que je n'ai parlé à aucune des étudiantes qui auraient été piégées parce qu'elles suivaient ses cours. Émilie, comme Armelle, avait dix-neuf ans et aurait été abusée en 2003.

Le jeudi 21 mars 2024, je me lance, je téléphone à Émilie.

J'étais à Paris VIII en première année de licence. J'avais psycho en option cursus psychanalyse avec lui, fin du cours, il a proposé de rester. Pas le premier cours. Après le début du cours. Je pense qu'il a clairement remarqué que je buvais ses paroles ; parce que c'est vrai que j'étais très impressionnée par ce qu'il racontait, je trouvais ça très intéressant. Au bout d'un certain nombre de cours, il a proposé de rester à la sortie. Voilà, on discutait, on a dû le faire deux ou trois fois : on discutait et je le raccompagnais jusqu'à la sortie de la fac. On discutait. Une fois, il m'a proposé de venir à son émission avec une amie, ce que j'ai fait parce que j'aimais bien l'émission. Après il m'a proposé de venir chez lui. [...] Tout le monde me le disait [NDE : qu'il la draguait], on ne va pas se mentir, mais moi j'étais très naïve et je voulais croire qu'il était très fort. J'avais confiance, je me disais que c'était mon prof, je ne me suis pas méfiée. Mais mes parents, mon petit ami, tout le monde me disait que c'était louche. Il m'a demandé plusieurs fois si j'étais bien majeure, là déjà j'aurais dû me douter que c'était... bref... [...] Il y a la fois où je suis allée chez lui. On a discuté un peu dans son cabinet. Quand je suis arrivée, il était en consultation. J'avais attendu un peu dans une petite salle d'attente. Après on a discuté un peu et, comme je m'intéressais beaucoup à l'hypnose, de faire une séance, enfin de monter à l'étage et d'aller dans une chambre avec une ambiance un peu zen, avec un lit [...] une fontaine zen, un lit très bas avec des grandes bordures. [...] Il me semble que le lit était rouge, que les draps étaient rouges. J'ai pas trop de souvenirs. Autant la fontaine et le lit bas... Il me semble que les draps étaient rouges, c'était il y a si longtemps. J'avoue que je n'ai pas voulu garder ces souvenirs-là. [...] Il m'a fait sa séance. Il parle : « Je vais mettre mes mains sur ton ventre pour t'aider à respirer » et puis, ben, les mains se sont déplacées. Donc mains sous mon vêtement. J'essayais de pousser ses mains avec les miennes sans trop que ça se sente.

Il a déboutonné mon pantalon. Comme il voyait bien qu'il n'avait aucune réponse, il a un peu arrêté la séance en me disant : « Mais tu te comportes comme ça avec ton petit ami ? » Et là je lui ai dit que non et en parlant je lui ai dit que là, j'avais l'impression d'être avec mon grand-père. Après, il a mis fin à la séance et j'étais bien contente. Tout de suite, ça l'a refroidi un petit peu. [...] En fait, il m'a embrassée et je me suis dit ce n'est pas possible, écart d'âge-là. Moi, j'avais dix-huit ans, dix-neuf à peine. [...] Il m'a reproposé qu'on se voie. Je n'y suis pas retournée. Je ne voulais pas. [...] C'était des cours magistraux, il n'y avait qu'une note : j'ai eu 12/20. C'était pas cher payé. Après je me souviens que moi, j'avais changé, je parlais avec mes copines, j'avais envie de me faire remarquer, il m'a demandé de me taire. [...] On m'avait dit après qu'il en avait eu d'autres. J'ai pensé à aller voir l'administration. Ça arriverait maintenant on le dirait, mais à l'époque c'était : « On te l'avait dit. » Personne m'a dit : « Tu devrais en parler à la police ou à la fac. » « On te l'avait dit », « Il ne fallait pas y aller », les gens étaient dans cet état d'esprit-là. Ça n'a pas été trop loin non plus. Il m'a touchée et embrassée. Sauf que j'ai jamais dit non, je ne me suis pas enfuie en courant. [...] On était dans sa loge avec une amie, très étonnée que l'entourage n'ait pas été au courant. Les chroniqueurs qui étaient avec lui. Je me souviens que, comment elle s'appelle, Elsa Fayer m'a demandé du feu. Elle nous voit nous, deux petites jeunes dans sa loge et sachant qu'on n'est pas de la famille, je faisais très, très jeune à dix-neuf ans, on me demandait ma carte d'identité, pas possible qu'elle n'ait pas vu, elle en a vu défiler plusieurs. Je suis très sceptique. Elle m'a parlé normalement, c'était normal deux petites jeunes comme ça. [...] J'avais honte de m'être fait avoir, on me l'avait dit, mon petit ami qui est maintenant mon mari, voilà. C'est la honte. [...] Dans la discussion il sait très bien mettre en valeur les personnes et leur faire comprendre qu'elles sont spéciales. Il me parle à la sortie du cours, il me propose de faire des trucs, j'avais tout ce que je voulais dans ma vie mais le sentiment d'être un peu spéciale... Et il a vu en nous un truc spécial. Il savait très bien ce qu'il disait. Malgré tout le monde qui m'a mise en garde, j'y suis quand même allée. Après l'influence s'est vraiment sentie, j'aurais réagi réellement avec un autre homme, j'aurais réagi. [...]

[Pour l'hypnose] je n'ai pas pris du tout, j'étais en stress dans ma tête, ça tournait très bien et je me demandais comment j'allais me sortir de là. Après pourtant l'hypnose fonctionne plutôt bien sur moi. Mais je n'ai pas du tout le sentiment qu'il ait réussi parce que j'étais stressée. [...] J'étais consciente et en colère quand je suis sortie. [...] Il a arrêté de me toucher au mot « grand-père », il s'est tout de suite reculé.

Moins traumatisée que les victimes présumées auxquelles j'ai eu affaire, plus distante vis-à-vis de la gravité des faits la concernant, Émilie a porté plainte pour elle et pour les autres femmes concernées. Elle est parfaitement consciente de ce qui s'est passé à l'époque, en 2003, et en a éprouvé une honte d'autant plus cuisante que son entourage, son petit ami, ses copines, l'avaient mise en garde. Il est clair que l'admiration qu'elle ressentait pour ce professeur très brillant et éloquent la prédisposait à tomber dans ses griffes.

Avec Émilie, il prend le temps ; peut-être a-t-il senti que sa proie n'est pas assez vulnérable pour se laisser mener au lit sacrificiel ? En tout cas, il dépense des hectolitres de salive, une invitation – forcément – sur le plateau de *On a tout essayé* et dans les loges, avant de tenter sa chance chez lui, dans son repaire bourgeois. Sauf qu'une fois dans la fameuse pièce japonisante – que nous pouvons reconstituer presque entièrement tant les témoignages des victimes présumées passent presque tous par cette chambre et tant leurs souvenirs en ont égrené tous les détails –, la jeune fille ne réagit pas comme Gérard Miller le souhaiterait. L'hypnose, elle le souligne, n'a pas fonctionné sur elle. Elle est très mal à l'aise, elle signale physiquement son peu d'entrain et surtout, elle arrive, elle, à parler. Ce qui va la sauver. Elle prononce la phrase la plus rafraîchissante possible pour un tel individu doué d'un ego surdimensionné, qui ne veut surtout pas se voir tel qu'il est, mais qui au contraire se sert de ses proies pour se regarder tel qu'il n'est pas : elle a l'impression d'être avec son « grand-père ». Sans le savoir, Émilie vient de sortir l'arme nucléaire. C'est lui qui se crispe à ce moment-là. Gérard Miller déteste qu'on lui résiste. Ça peut le rendre acerbe. Pour celles qui osent le vexer, le rejeter, pas d'impunité. À Émilie, comme par hasard, il a mis une note médiocre.

Son mépris, c'est avec l'argent, avec des billets, qu'il le grave dans le marbre, qu'il finit d'établir son pouvoir. Elles sont plusieurs à raconter que Miller propose de leur appeler un taxi et, en fonction de leur docilité et de son degré de domination, il leur tend ou leur jette l'argent pour le payer. La technicienne du plateau *On a tout essayé* n'est pas atteinte par son geste mais elle le remarque quand Yasmine, elle, l'interprète et le ressent comme un message qui lui est transmis, une façon de l'abaisser encore plus, de finir de la mettre à genoux en la traitant subtilement de prostituée.

À l'université, c'est son autorité intellectuelle, son arme. C'est son aura de sachant, son estrade de professeur, ses effets d'orateur qui le placent en position de manipuler. Il est capable, d'après le témoignage de l'une de ses étudiantes qu'il n'a pas réussi à séduire, Charlotte B., d'insister lors de ses cours magistraux sur l'importance du consentement : « Il me revient un truc, alors je ne sais pas si c'est pour mettre en confiance, mais je me souviens que plusieurs fois, il répétait pendant ses cours qu'une femme qui disait oui avait le droit de dire non. » Le pire, nous avoue-t-elle, c'est que cette phrase, qu'elle avait en tête, l'a protégée par la suite dans sa vie de femme.

Avec d'autres, Charlotte, qui est devenue psychologue, avait repéré le manège de Gérard Miller avec ses étudiantes. Elle précise que les amphis, étant donné les disciplines, étaient presque exclusivement remplis de filles. Et les cours donnés par ce professeur qui passe à la télé étaient d'initiation, pour les premières années. L'étudiante mentionne : « Il était assez insistant pendant les cours, il me faisait des remarques sur mon maquillage, sur ma coiffure » et se souvient qu'elles étaient plusieurs à se dire : « Il fait son marché. » Émilie, elle, regrette de n'avoir pas signalé au moins à la fac ce qui s'était passé, mais elle nous rappelle qu'à l'époque, avant #MeToo, la tendance était plutôt à faire culpabiliser les victimes qu'à préconiser un dépôt de plainte. Dans son cas, comme elle avait été alertée, elle s'est entendue dire après coup : « On te l'avait dit », « Il fallait pas y aller ».

Est-on sûr que les temps ont changé ? Parfois, aujourd'hui, j'entends dire « C'est bon, on n'en peut plus de #MeToo, là ! », « Nan mais #MeToo, ça devient n'importe quoi », ou « Hé, on l'a assez vue et entendue, non, Judith Godrèche ? », « Elle se prend pour qui, sérieux, la Judith Godrèche ? ». À noter qu'ils s'expriment de la même manière que Benoît Jacquot…

C'est précisément le partenaire de lutte de Judith Godrèche que je parviens à joindre au tribunal quatre jours après avoir parlé aux anciennes étudiantes de Gérard Miller : le juge Édouard Durand, spécialiste des violences conjugales et des violences faites aux enfants, ancien co-président de la CIIVISE (Commission indépendante sur l'inceste et les violences sexuelles faites aux enfants), auteur d'ouvrages sur les violences sexuelles, dont le dernier, très court, dans la collection « Tracts » de Gallimard, *160 000 enfants : violences sexuelles et déni social* (2024). L'homme que j'entends au téléphone est courtois, doux, rigoureux et précis dans sa formulation, et très soucieux de bien comprendre son interlocuteur et de lui donner les réponses les plus justes, les plus vraies. En outre, il est passionnant à écouter. Avec lui, ce jour-là, je fais un bond dans ma compréhension des mécanismes de l'agresseur, de ses ressorts et des processus à l'œuvre avec ses victimes.

Grâce à lui, je fais le lien entre la non-séduction que nous avions mise en exergue et cette façon que Gérard Miller a de faire en sorte que les victimes présumées se sentent flattées, s'imaginent spéciales : « Que la violence soit physique ou psychologique, on passe par quelque chose qui est de l'ordre de la séduction perverse : "Tu es ma préférée", "Tu es le meilleur". » Il n'y a pas de drague mais une mise en place de la confusion. L'intention n'est pas affichée clairement, mais l'attention se concentre sur la victime, une attention qu'elle interprète comme une désignation positive, une reconnaissance de tout son être, alors que cette désignation n'est pas autre chose qu'une sélection, une manipulation, une instrumentalisation.

Édouard Durand me confirme, sans détour, avec une image que je n'oublierai pas, la violence que constitue une agression sexuelle ou un viol : « Pour aller au bout de ma pensée, il faut comprendre que dans le viol ou l'agression sexuelle le pénis est au viol ce que le pistolet est au braquage : une arme. Ce n'est pas une folie, c'est une décision à la fois individuelle et sociale, c'est une décision personnelle dans un contexte social complaisant. Le contexte social est celui de la fascination pour le pouvoir. » Cette dernière analyse m'intéresse parce que, je ne l'ai que trop constaté au fil de mon enquête, non seulement cette « fascination pour le pouvoir » a fabriqué les conditions, admiration et confiance, des forfaits, mais elle les a autorisés et couverts ensuite.

Un piédestal est long à démonter. Quant au déni, il faudrait l'éternité.

Si les victimes sont les premières à s'y réfugier, la société ne tardera pas à les suivre. C'est tellement plus facile. La société, naturellement, est conservatrice. Chaque chose à sa place, une place pour chaque chose, et surtout, que l'on reste comme ça. D'autant que la parole d'une femme, longtemps considérée comme une hystérique, une mystificatrice, une sorcière, une manipulatrice, etc., ne pèse guère face à celle d'un homme. En particulier quand celui-ci a le pouvoir. Un genre de cercle vicieux vertueux : plus j'ai de pouvoir, plus je m'en sers pour en avoir. En l'occurrence, comme souvent je suppose, le déni profite surtout à l'agresseur. Édouard Durand me rappelle une définition du déni : « C'est : "Ça n'existe pas. Ce n'est pas vrai. Ce n'est pas grave. On peut très bien s'en sortir. Ça ne me regarde pas. Et je fais semblant de découvrir le problème à chaque fois qu'on m'en parle." » Dans cette affaire, le déni est multiple et il ne fait qu'entériner la position dominante de l'agresseur.

Nous avons cru que Gérard Miller opérait sur deux terrains de chasse, la télé et l'université. En réalité, il n'y en aurait qu'un, symbolique, la dissymétrie.

7

La ferme des animaux

> « Je n'ai rien à dire, ce n'est pas
> le moment… merci de passer
> par mon service de presse. »
>
> Marc-Olivier Fogiel

« La violence, y compris quand elle passe par le sexe, n'est qu'un instrument pour asseoir son pouvoir. Quelle que soit la violence, elle n'est rien d'autre qu'un instrument de pouvoir, de domination. Quand un agresseur commet un viol ou une agression sexuelle sur un enfant ou une personne adulte, on n'est pas dans le registre de la déviance sexuelle, de l'excès dans la sexualité, on est dans le rejet de la sexualité puisque l'on est exclusivement dans le registre de la domination du pouvoir et de faire de l'autre un objet », m'explique le juge Durand. C'est bien de cela qu'il est question depuis le début de mon enquête avec cette sérialité qui n'était d'abord qu'un trait, une caractéristique du mode opératoire, mais s'est étendue peu à peu, jusqu'à tout envahir et même se confondre avec ce qu'on appelle l'emprise, l'exercice d'une domination. Dans cette compulsion, cette redondance folle que nous observons, il n'y a rien d'autre qu'un trait humain bien ordinaire, l'envie de l'être et le déploiement de cette force. Quand il s'agit d'un intellectuel, l'usage de la force est impensable. Quand il s'agit d'un psychanalyste, idem.

Les cochons révolutionnaires de l'écrivain britannique George Orwell qui, après avoir chassé le fermier, prennent le pouvoir à la ferme avec le plein consentement des animaux « parce qu'ils sont les plus brillants », finiront par les asservir, les dépouiller et les tuer, illustrent ce système. Mathilde croit d'ailleurs avoir entraperçu un masque de cochon dans la chambre du maître de maison. Alors qu'il prône l'égalité, il organise la domination ; alors qu'il se fait l'ardent défenseur du féminisme, il agresserait et violerait des jeunes filles ; alors qu'il a participé activement à Mai 68 et trouve du travail à la télévision en tant qu'homme de gauche assumé, il profiterait sexuellement dès qu'il peut des jeunes filles qu'il croise sur son chemin.

Chez Gérard Miller, les contradictions ressemblent à un parti pris de mensonge et de duplicité. À une stratégie comme une autre, une manœuvre. Et c'est d'ailleurs dans le milieu politique, intégré à l'adolescence, qu'il a dû faire ses armes. Il est placé là où il peut tout se permettre, où il se sent investi des pleins pouvoirs. Par la violence de sa non-violence, il force le consentement de ses victimes présumées, puis force leur retour, voudrait forcer leur amour qu'il s'est peut-être convaincu d'avoir déjà, ce qui lui donnerait le droit d'en abuser. En fait, pour rester dans l'univers de l'auteur de *1984*, il est BIG BROTHER et, comme le rappelle Clotilde Leguil « Lui obéir n'est pas suffisant, vous devez l'aimer[1]. »

La psychanalyste et historienne française que j'interviewe le 22 mars 2024, Élisabeth Roudinesco[2], l'a toujours critiqué, Gérard Miller. Et les révélations le concernant n'ont fait qu'accentuer son antipathie à son égard. L'objet de leur vieille discorde, si j'ai bien compris, néophyte que je suis, c'est Lacan. Elle

---

1. Clotilde Leguil, *Céder n'est pas consentir*, *op. cit.*

2. Élisabeth Roudinesco est l'auteure de *Histoire de la psychanalyse en France,* 2 volumes (1982 et 1986), nouvelle édition augmentée, Points, 2023 ; *Jacques Lacan. Esquisse d'une vie, histoire d'un système de pensée* (1993), nouvelle édition augmentée, Points, 2024 ; *Lacan envers et contre tout*, Seuil, 2011, Points, 2014.

aurait osé commettre une biographie du maître selon le clan Miller, sacrilège. Explications : « Ils ont fait de Lacan une espèce de dieu vivant, bon père de famille qui n'a pas trompé sa femme et qui était bien gentil. Enfin, bon, Lacan était un grand libertin, c'était un homme transgressif. » D'après elle, son livre a été reçu comme une gifle. En tout, me raconte-t-elle, ils l'ont attaquée quatre fois en justice, procès qu'elle a gagnés, car pour elle l'histoire gagne toujours. On comprend mieux son ressentiment et sa facilité, voire son enthousiasme – ça me change – à me parler de Gérard Miller qu'elle a connu « quand il avait vingt-cinq ans » et qui « était déjà violent et dragueur ».

Elle évoque le rôle de Gérard, en contre-jour et en aval de son frère, l'homme de main, le teigneux du service d'ordre, le physique qui organise puis range les tables pour les réunions de l'École de la Cause freudienne. Quand elle s'exprime sur la fratrie Miller, elle emploie le terme « parti » et souligne leur pouvoir et la peur qu'ils inspirent. Elle voudrait d'ailleurs bien savoir qui a accepté de me répondre. Elle doute que qui que ce soit dans la famille ne sorte de son mutisme. « Ils régleront leurs problèmes entre eux », prévoit-elle. Elle m'affranchit aussi sur ce que le milieu psychanalytique pense de Gérard Miller : du mal. Ils ne l'auraient jamais aimé parce qu'ils n'appréciaient pas qu'il dégrade la psychanalyse à la télévision en la pratiquant vulgairement. Selon Élisabeth Roudinesco, l'intellectuel chroniqueur a toujours souffert d'un complexe d'infériorité par rapport à son aîné Jacques-Alain. Il avoue sans mal dans son autobiographie à quel point il était écrasé, enfant : « En dépit de l'excellent climat qui régnait dans notre famille, je me sentais coincé entre mon père et mon frère, c'est-à-dire entre deux forces de la nature qui ne renonçaient pas sur le chemin du désir. » En termes lacaniens, « qui ne cédaient pas sur leur désir », suivaient leur route, libres, sans entraves. Il ne sait d'abord pas faire autre chose que de marcher dans les pas de son mentor et phare, son frère. Il réussit l'ENS (mais Fontenay-Saint-Cloud, pas Ulm) et devient psychanalyste. Pour enfin exister à côté de son frère et recueillir autre chose que des comparaisons défavorables ou de l'indifférence, il passe deux thèses et devient une vedette du petit écran. Il colonise donc au moins un univers où Jacques-Alain, lui, n'existe pas. Et c'est précisément à la télévision que Gérard aurait fait sa mue.

Avec Aurélie, une étudiante en audiovisuel à Metz qui vient assister à l'émission au Moulin-Rouge en 2001, ce franchissement des limites apparaît très concrètement dans le témoignage qu'elle me livre le 26 mars 2024.

Lors d'une émission de télé, On a tout essayé, *j'étais avec ma sœur et mon cousin, en 2001, on voulait assister à l'émission. À la fin de l'émission, il m'a interpellée j'avais dix-neuf ans, je sortais des toilettes ; ma sœur et mon cousin étaient dehors. Il discutait avec Yvan Attal, il m'a demandé de patienter. J'ai patienté et ensuite il m'a proposé si je voulais aller voir des spectacles, si ça m'intéressait, et de rencontrer des gens du milieu. Je trouvais que c'était une super opportunité et donc il m'a demandé mon numéro, chose que je lui ai donnée en toute innocence quoi. Suite à ça, il m'a recontactée dès le soir même pour savoir quand était-ce que j'étais disponible et tout ça. Moi, de toute façon, je vivais à Metz à l'époque et c'était pas possible, je ne pouvais pas, si je revenais pourquoi pas. Je suis revenue avec une copine à Paris, du coup il m'a relancée, j'étais à Paris et j'ai dit pourquoi pas, parce qu'il me proposait d'aller dans les coulisses de l'émission avec ma copine. Elle a dit oui, dans la journée il m'a appelée pour savoir si on voulait aller chez lui la veille de l'émission. Le soir, là, moi, j'étais un peu réticente apparemment – c'est ma copine qui me l'a rappelé –, elle a demandé de lui parler, elle a pris le combiné, il a essayé de forcer un peu et donc du coup on y est allées. Elle lui a dit pour rigoler que de toute façon elle servirait de chaperon. Lui, il a rigolé, ça l'a fait rire, c'est tout ce que je sais. Et puis ensuite, on y est allées le soir. Il nous a fait visiter sa maison, déjà il m'a donné tous ses codes d'interphone, j'ai trouvé ça, comment dire, étonnant, parce qu'on ne se connaissait pas. Là il nous a fait rentrer dans son bureau où il fait ses séances de psychanalyse, avec une grande bibliothèque, un bureau et un divan. Ensuite, il nous a emmenées à l'étage pour nous montrer la cuisine. C'est là qu'on a entendu qu'il y avait ses enfants qui étaient présents, ça nous a rassurées, y a du monde et tout, surtout des enfants.*

Ensuite, il nous a montré une chambre japonaise, un peu tamisée, on est rentrées, là on s'est retrouvées assises sur le futon. Il s'est mis entre nous deux et là (parce qu'on en a reparlé avec mon amie, parce qu'on n'en avait jamais reparlé depuis plus de vingt ans), on ne sait pas du tout comment ça s'est passé, comment on s'est retrouvées comme ça, mais on s'est retrouvées allongées. Là, il m'a embrassée direct et, de l'autre côté, il tripotait ma copine. De là, ma copine s'est levée, elle est sortie de la chambre, moi je ne comprenais pas ce qui se passait, je l'ai vue sortir du coup. Moi, il a continué sur les seins. Elle est sortie, j'ai arrêté, je lui ai dit que je voulais partir, et de là, il nous a commandé un taxi et on est reparties. Après, j'y suis retournée je ne sais plus combien de temps après, il m'avait relancée, il m'avait proposé d'aller voir dans les coulisses de l'émission et ensuite d'aller au restaurant ou quelque chose avec d'autres personnes. Moi je me suis dit bon, peut-être qu'en fait il a compris d'abord que j'étais pas intéressée, peut-être que c'était ma faute aussi, peut-être que je lui ai fait croire que j'étais un peu perdue mais je me disais que ça n'allait pas se reproduire. Je suis allée dans les coulisses, deux ou trois semaines plus tard, je dirais, les deux premières fois pour les émissions, mais la troisième je me souviens plus du tout. Le lendemain de ce qui s'est passé avec mon amie, on a assisté aux coulisses de l'émission et il a fait comme si de rien n'était. Il n'a quasiment pas parlé et il y avait Isabelle Mergault qui était là et qui nous a dit « Encore ! » en nous regardant d'un air très méprisant. Quand j'y suis retournée, j'ai assisté à l'émission dans les coulisses, je ne me suis pas sentie très à l'aise parce que je sentais les regards sur moi avec beaucoup de mépris. Miller est venue me chercher dans les coulisses pour m'emmener dans les loges, il voulait que je visite les loges, je suis passée devant Laurent Ruquier, Franck Dubosc, Isabelle Alonso, et dans mes souvenirs, ce serait Dubosc qui a dit ça, il a dit, par contre je me souviens très bien de la phrase : « Tu les prends de plus en plus jeunes ! » Et là je me suis dit il y a quelque chose, je me disais c'est pas possible, je comprenais qu'il y avait quelque chose de pas normal mais je n'arrivais pas à identifier. Je l'ai suivi dans sa loge, sans m'imaginer qu'il allait me sauter dessus.

Il m'a direct plaquée contre le mur pour m'embrasser en me tripotant de partout.

Je suis rentrée, il a fermé derrière moi et j'ai pas eu le temps de voir quoi que ce soit, ça été très, très vite : après m'avoir plaquée contre le mur, il m'a mise par terre, allongée, il s'est mis sur moi et là il a commencé à mettre sa main sous mes vêtements. Il continuait à m'embrasser tout ça. Moi j'étais inerte de toute façon je ne réagissais absolument pas, je ne comprenais pas. De là ça s'est arrêté assez vite. Je ne sais pas si quelqu'un a frappé ou s'il a été appelé sur le plateau, je ne me souviens pas du tout, on est sortis et j'étais pas du tout lucide, j'étais vraiment perdue. Et le soir on est allés chez lui euh et là il m'a emmenée dans le sous-sol, dans son home cinéma. Là, tout en discutant de sa jeunesse, parce qu'il y avait des photos de lui plus jeune en bas, on s'assoit sur le canapé, et là, pareil, il me saute dessus, il commence à, comment dire, à me baisser le pantalon, la culotte, etc., à me toucher et là, il me dit : « Je suis sûr que tu es vierge. » je réponds pas parce que je trouve ça très… enfin, je le prends très mal et, à partir de là, je commence à lui dire que non, que je ne veux pas. Il continue, il descend son pantalon, il me prend la main pour que je le masturbe et là, quand je touche, j'ai un profond dégoût et je retire ma main et je dis : « Non, non, je ne veux pas. » Au moins au sixième ou au septième non, de là il me dit : « Mais tu ne veux pas aller dans un lit, tout ça ? ». Je fais

« non » et là, il se vexe, il arrête tout. J'étais soulagée, il me donne de l'argent et il me met dehors. Dans le taxi, je lui envoie un message qui dit que j'ai enfin compris : il ne fait que coucher avec moi, que c'est un sale type, en gros, je ne sais plus trop ce que je lui mets. Et il me répond : « Je suis vraiment déçu que tu penses ça de moi » et il a réussi à me retourner le cerveau. Et, au final, je m'excuse. Et ça, ça ne passe pas en fait. Jamais il ne m'a rappelée.

C'est la première fois que j'entends un tel récit dans lequel l'agression présumée est amorcée à l'endroit où habituellement le chroniqueur fait sa parade et accoste sans jamais oser y dérouler la deuxième partie de son plan. Il agit tout de suite. Et prendrait de plus en plus de risques. Pour que les chroniqueurs et techniciens de *On a tout essayé* puissent continuer à dire « On voit bien qu'il court les jeunes filles mais on ne voit pas la suite », Gérard Miller aurait appris à s'empêcher de passer à l'acte sur place, à ne laisser aucune trace probante de ce qui allait se produire ensuite. Par le doute il se protégeait. Mais dans ce cas précis, il aurait transgressé une règle de plus en passant à l'acte sur son lieu de travail. J'avais remarqué que très souvent il interrogeait la jeune fille visée sur son âge, peut-être pour vérifier sa majorité, mais j'ai été obligée d'admettre

sectaires, et violents, et tout ce qu'on voudra. Mais pas fous au point de vouloir diriger les autres[1] ».

On imagine bien que la violence de Gérard Miller ne s'arrête pas avec lui. Un système entier, que #MeToo essaie d'ébranler, a préparé le terrain de chasse à « Divan le terrible » (un autre de ses surnoms). Dans un contexte, dans une époque où « la domination masculine » n'était pas assez dénoncée et remise en question, où les victimes (on l'a vu dans le témoignage d'Émilie) n'étaient pas soutenues, voire suspectées (et c'est encore le cas) de l'avoir bien cherché, pour le psy à paillettes, il a été particulièrement facile d'imposer sa loi. Personne n'a moufté autrement qu'en riant, qu'en ironisant, qu'en surnommant. Et aujourd'hui encore, beaucoup se taisent, craignent des représailles, des manières brutales dont ils le savent capables pour les avoir subies ou observées dans leur vie professionnelle, ou au Média, dont Gérard Miller était l'un des cofondateurs.

C'est le cas d'une journaliste qui préfère avoir une conversation avec moi en off le 3 avril 2024, précisant que Gérard Miller est « dangereux » et « toxique ». Depuis le début de mon enquête,

1. Gérard Miller, *Minoritaire*, *op. cit.*

je n'ai pas abordé ce passage de la biographie de Miller pourtant particulièrement emblématique du personnage. Outre l'histoire officielle de ce journal qui, déchiré par les luttes internes (notamment entre Miller et Sophia Chikirou, la compagne de Jean-Luc Mélenchon, ce qui a acté la rupture entre les deux hommes) et abîmé par un scandale financier, a fait long feu, va se dessiner l'histoire officieuse. Notre source décrit « une verticalité » dans le fonctionnement et « un système de flicage et de convocation ». Si le népotisme ne gênait pas la journaliste, qui le justifie par les difficultés, au démarrage d'un média, à le faire tourner sans mettre ses proches à l'ouvrage, l'atmosphère stalinienne la choquait. Le cofondateur, elle le décrit comme « très intelligent », mais « très sûr de lui et fier de son intelligence », « obsédé par le contrôle » et elle ajoute : « L'argent, c'est très important pour lui. » Au Média, d'ailleurs, c'est Miller qui tient les cordons de la bourse, c'est lui qui a le pouvoir financier. Ma source a eu le sentiment que le Média avait servi de « joujou au millionnaire dans son hôtel particulier à Paris ». Mais est-ce qu'il était insistant avec les jeunes filles et les femmes ? Comme la journaliste l'avait déjà pratiqué dans un autre contexte, à l'époque elle avait l'âge requis pour entrer dans son radar, elle était spécialement attentive. Quelque temps plus tard, elle affirme qu'elle a vu « surgir le prédateur » avec une petite recrue qui avait l'air très jeune, il était « surexcité » et s'est installé dans un coin avec elle.

Ma source se révélera être la seule de la rédaction à avoir assisté à une scène de ce type.

Marc de Boni (ancien grand reporter au *Figaro* et journaliste de la rédaction du pure player d'extrême gauche), à qui je parle le même jour, a surtout découvert à l'époque du Média un Gérard Miller « manipulateur », « rusé », « menteur ». Cultivé et brillant, le journaliste n'a jamais été dupe. Il a perçu que derrière ses côtés « gentil, doucereux, plutôt urbain », il y avait une face très sombre. Selon lui, Miller est l'archétype du psychanalyste lacanien, « plutôt en rondeur », « qui vous prend par le bon côté pour vous faire aller là où il a envie d'aller ». Bien vu. Au fil d'une conversation très intéressante avec Marc de Boni, nous abordons la question du système dans lequel la prédation de Miller se serait développée.

La domination pratiquée par Gérard Miller emprunte plusieurs voies. L'ancienne rédactrice en chef du Média, Aude Rossigneux, me raconte, le lendemain de mon interview de Marc de Boni, que, responsable des salaires, le psychanalyste s'amusait à culpabiliser les journalistes qu'il recrutait quand ils osaient exiger un montant à la hauteur de leurs compétences.

Il met en avant les enjeux collectifs pour pousser les individus à leur sacrifier le peu qu'ils ont. La journaliste use aussi des adjectifs « manipulateur » et « intelligent » pour qualifier Miller avant d'ajouter quelque chose qui me frappe : « Son hobby, c'est de repérer les faiblesses des gens. » Dès le collège, il s'intéresse à l'influence que l'on peut exercer sur autrui, au pouvoir que l'on peut prendre et jusqu'où. Ses connaissances en hypnose, livresques et expérimentales, et sa formation de psychanalyste l'ont doté de solides outils et de compétences « radiographiques ». Comme son père adoré, il a voulu des yeux laser, voir à travers, dedans, acquérir les clés pour pénétrer les âmes, toutes les âmes. La brutalité qui régnait au Média et la violence avec laquelle les journalistes étaient traités s'inscrivent dans cette manie, cette folie de toute-puissance, des pleins pouvoirs.

Aude Rossigneux me fait le récit de son licenciement, ou plutôt de son violent limogeage : « Ils m'ont convoquée, un matin tôt, avant l'arrivée du reste de la rédaction. Je me suis retrouvée dans une pièce au sous-sol du Média, devant une sorte de tribunal populaire composé de cinq personnes, emmenées par Gérard Miller, d'ailleurs », lequel tenait visiblement le rôle de « nettoyeur ». Ces méthodes d'éviction autoritaires que la journaliste nous décrit me semblent dignes des purges staliniennes. On se croirait dans un film de Costa-Gavras. La journaliste du *Monde*, Ariane Chemin, qui a recensé cet épisode dans les colonnes du quotidien le 3 mars 2018 (« Le Média : les coulisses d'une crise ») citait Aude : « On m'a essayée », et relayait la réponse du patron mis en cause par l'ancienne rédactrice en chef : « Nous ne sommes pas actionnaires, s'insurge Gérard Miller de son hôtel de Val-d'Isère. » L'hôtel en question, pourvu d'un spa et d'un très haut niveau de confort, a tout d'un palace où il faut dépenser un minimum de 600 euros pour une chambre, plutôt 2 000 euros en moyenne. Actuellement fermé, personne n'a voulu me répondre de l'équipe des Barmes de l'ours. Mais une source me raconte y avoir croisé Gérard Miller qui s'était mêlé de sa conversation pour y dispenser ses lumières d'intellectuel cultivé.

La référence à Val-d'Isère, la station huppée des Alpes, me rappelle une anecdote que m'a livrée Marc de Boni : « C'était une des toutes premières crises internes du Média d'où je l'appelle en panique. Il était à Courchevel avec Marc-Olivier Fogiel sur un télésiège en train de m'expliquer qu'on était un peu soupe au lait et que c'était sûrement le fruit d'avoir choisi une rédaction de gauche. Ce qui était assez piquant, on va dire, vu les valeurs qu'il porte... » Gérard Miller se plaît à inverser la culpabilité, à retourner la faute, à rejeter sur l'autre ce qui l'anime, lui, ce dont il est coupable, lui. Du haut de Courchevel, une station pas moins élitiste que Val d'Isère.

Jointe le même jour qu'Aude Rossigneux, une journaliste qui préfère rester anonyme et qui a eu le malheur de travailler au Média dénonce « une ambiance toxique » et la violence de l'endroit « sous couvert de média humaniste et féministe », qu'elle compare « aux mouvements sectaires ». Elle relate la différence de traitement entre les hommes et les femmes, point qui l'avait beaucoup choquée, on la comprend : « Les garçons avaient droit à leur vendredi. » Élisabeth Roudinesco dit de lui : « Regardez les émissions : un roquet qui passe son temps à hurler contre tout le monde. Vous avez regardé l'émission au sujet de Darmanin ? » En effet, dans l'émission *C ce soir* en 2022, Gérard Miller sort littéralement de ses gonds en parlant de Gérald Darmanin, qui a été accusé d'agression sexuelle puis innocenté. A posteriori, bien sûr, c'est à hurler, à mourir de rire, même si parfaitement logique. La colère, l'excès s'interprètent. Le visage du psychanalyste, tout rouge, est déformé par la rage, il hurle : « Lorsqu'une femme s'est plainte du ministre de l'Intérieur, est allée en justice, le ministre est resté ministre de l'Intérieur et vous allez donner des leçons à LFI. LFI en cinq jours a réglé effectivement ce qu'elle pouvait régler à son niveau, elle ne s'est pas substituée à la justice. »

Mais le pire, dans cet extrait, c'est que sa colère déployée, démontrée, outrée, il veut nous faire croire que c'est son féminisme viscéral qui la guide. Au début de ses tirades, si enflammées qu'elles en deviennent suspectes, il a l'audace de faire la leçon et de prétendre être l'allié des femmes victimes de violences, il parle du « devoir d'écouter ce qui est dit et de faire en sorte que ça ait des conséquences » et poursuit : « Ils sont venus voir Clémentine Autain dont je peux rappeler ici, puisqu'elle l'a dit par ailleurs, c'est une femme qui a été violée quand elle avait vingt-trois ans, donc elle a une légère connaissance de ces choses-là. » Bizarrement, c'est à partir de « ces choses-là » qu'il ne contient plus sa colère. À l'époque, tout le monde est dupe, au point que la séquence se met à tourner sur les réseaux sociaux, il passe pour un héros, pour un défenseur acharné des femmes, pour un courageux qui a pris les armes en notre faveur ! Clémentine Autain tombe dans le panneau : le 17 mai 2022, elle poste l'intervention du psychanalyste sur Facebook avec, en commentaire : « Saine colère de Gérard Miller. Merci et chapeau ! » Petite pensée pour les victimes présumées qui ont dû s'étrangler devant leurs écrans.

Dans son fonctionnement, ses actions, ses paroles et ses jugements, il peut être violent, dur, impitoyable comme avec Adrien Quatennens, accusé d'avoir fait subir des violences à sa femme, tandis que ses copains de La France insoumise amortissent leurs propos sur le sujet. Il le paiera d'ailleurs, il sera obligé de prendre ses distances avec le parti de Mélenchon. Sur les accusations contre Depardieu, il paraît beaucoup plus calme. On lui tend le micro à ce moment-là parce qu'il a réalisé un documentaire sur l'acteur. Il participe notamment en tant que chroniqueur au *20H de Ruquier*, l'émission de Laurent Ruquier et Julie Hammett, le 7 décembre 2023, où on l'entend, avec un certain trouble, se comparer à Depardieu : « Sur Depardieu j'ajouterais juste une chose, nous avons au moins deux points communs, on s'appelle tous les deux Gérard et on appartient à la même génération. C'est une génération qui a été élevée on va dire dans une ambiance machiste, c'est incontestable, qui a vu néanmoins la naissance du MLF (Mouvement de libération de la femme) il y a cinquante ans et qui a tout de suite été sensibilisée au fait que lorsque c'est non, ça veut dire non, de ce point de vue-là, quel que soit l'âge que nous puissions avoir aujourd'hui en disant : "Mais oui mais à notre époque c'était pas la même chose." » Il insiste ici lourdement sur la question du consentement et commence déjà à se défendre à la Miller, on maîtrise à ce stade : je ne vous dirai pas qu'on a l'excuse d'appartenir à une autre génération qui se croyait tout permis, pour qui c'était open bar du matin au soir avec n'importe qui, mais en ne vous le disant pas, précisément je vous le dis.

Ce qui m'amuse dans cette émission, c'est de constater que, dans le cas de Depardieu, ce qui l'intéresse le plus, ce qui le choque le plus, c'est son rapport aux régimes autoritaires. Il n'est certes pas en contradiction avec ce qu'il pose dans *Minoritaire* sur son courant, le maoïste, qui se distinguait du reste des jeunesses communistes par sa « révolte anti-autoritaire ».

Sur le plateau, très vite, il ne peut s'empêcher de faire le portrait psychologique de Gérard Depardieu.

De lui, il dit : « Il marche au bord du précipice. »

8

Impunité organisée

> « La scène de crime comporte trois protagonistes et pas deux : le troisième protagoniste, c'est la société, le tiers, et le tiers ne peut pas espérer rester les bras croisés dans la position du spectateur. »
>
> Édouard Durand

Une question me taraude depuis le début de l'enquête : comment Gérard Miller se serait-il débrouillé pour sévir pendant trente ans sans se faire prendre ? Pourquoi est-ce si tardif ? Combien de jeunes filles auraient échappé à ses abus présumés si on l'avait attrapé avant ? Si l'on peut comprendre sa mécanique d'attaque, son système d'immunité n'est pas encore évident pour moi. Une histoire que me raconte une journaliste me met sur une piste, celle du réseau, de la complicité tacite. Quelque temps après son éviction du Média, en 2019, elle reçoit un appel d'un célèbre animateur radio, qui lui dit que c'est Gérard Miller qui lui a donné son numéro de téléphone. Il lui parle de lui, de combien il est une star, et d'elle, de combien elle écrit merveilleusement bien. À nouveau, il lui parle de lui et à demi-mot lui propose une chronique, un boulot, quelque chose, si elle accepte de le rejoindre à l'hôtel. Elle décline, mais il ne se décourage pas, il la relance plusieurs fois en joignant à ses messages des liens sur des articles dont il est l'objet. Aux États-Unis, l'affaire Epstein ou même Weinstein a prouvé que l'entre-soi des très riches servait aussi à profiter et se garder (ou se tenir) les uns les autres.

Avant de raccrocher, la journaliste m'a confié un détail que j'ai trouvé symbolique : lors d'une réunion de l'équipe du Média qui se tenait dans la maison de Miller, dans ce sous-sol où il pratiquait si souvent des séances d'hypnose et aurait agressé nombre de jeunes filles, en descendant l'escalier, la journaliste a remarqué une collection de petits pénis en verre qui se trouvait là.

Sans un écosystème favorable, Gérard Miller n'aurait pas pu agir autant et aussi longtemps.

La façon dont Benoît Jacquot se livre sans crainte à son interlocuteur prouve qu'ils se connaissent bien. En effet, le réalisateur connaît le clan Miller depuis 1974, grâce à un documentaire sur Jacques Lacan. Dans son *Rendez-vous chez Lacan*, trente-six ans plus tard, Gérard Miller fait parler Jacquot une première fois. Hormis Lacan, il y a aussi l'hypnose qui les lie. Gérard Miller, nous l'avons vu, a conquis la plupart des pouvoirs et s'y est fait des alliés partout, y compris dans le milieu politique. Même si ses liens avec La France insoumise n'ont jamais été ni clairs ni calmes, le psychanalyste s'est fait des copains dans ses rangs. Et des copines, dont la plus féministe du parti de Mélenchon, Clémentine Autain ainsi que l'écologiste Sandrine Rousseau. Après quelques échecs, je parviens enfin à m'entretenir avec cette dernière.

Je pense qu'elle ne s'est pas laissé le choix, féministe, elle se devait de me répondre (d'autres ne l'ont pas fait). Elle a vu mon reportage dans *Envoyé spécial*, qui l'a choquée. Elle me dit : « Que puis-je en penser sinon que c'est dramatique ? Je ne sais pas qui est ce type. » Elle infirme d'ailleurs être proche de Gérard Miller mais reconnaît son amitié avec Coralie, sa fille, une féministe comme elle. Pour laquelle elle est désolée, mais à qui elle a expliqué qu'elle ne pouvait pas « avoir un discours différent » quand c'est son père qui est impliqué. Bien sûr, entre les deux femmes, une distance s'est créée : « Elle m'a demandé de ne plus parler d'elle, alors je ne souhaite plus en parler. » Sandrine Rousseau ajoute avoir constaté entre le père et la fille un lien très fort, lui, envoyant des SMS, elle, l'appelant au téléphone pour un rien.

Gérard Miller, Sandrine Rousseau l'a donc surtout côtoyé par sa fille, notamment lorsqu'ils ont participé ensemble aux *Monologues du vagin* ! Et quand je l'interroge sur son féminisme, elle rit et me rappelle que Denis Baupin aussi était un militant de la cause des femmes : « Je l'ai dénoncé le jour où il a mis du rouge à lèvres pour défendre le droit des femmes. Il avait fait une photo avec lui et du rouge à lèvres. Weinstein, lui, est allé à des manifestations du 8 mars. » Et Miller, lui, s'est affiché du côté des victimes dès qu'une affaire de prédation a éclaté.

Avec les politiques qui ont frayé avec Gérard Miller, je continue de me casser le nez. Ni Clémentine Autain, ni Raquel Garrido, ni Alexis Corbière, ni Jean-Luc Mélenchon ne me répondent. Ni à mes appels, ni à mes messages. J'avoue que je me décourage un peu. Quand je vois par exemple Clémentine Autain fondre en larmes sur le plateau de *C à vous* en juillet 2024 et défendre la parole féministe, je ne comprends pas pourquoi elle ne daigne pas répondre à mes textos. Était-elle si proche de Gerard Miller ? Est-elle embarrassée ? De ce côté-ci, les résistances sont trop fortes. J'ai quelques copains qui traînent avec des militants LFI et à qui j'ai demandé d'ouvrir leurs oreilles. Je voudrais être certaine qu'il n'y a pas de jeunes militantes qui seraient tombées dans les filets de Miller. Je lance des pistes malgré le silence marmoréen. C'est un milieu où ils ont appris à se taire quand ils ne savent pas quoi dire. Bien sûr que c'est compliqué. Que dirais-je à leur place ? Je ne peux ni le dénoncer ni le défendre. Si je le dénonce on me demandera pourquoi je l'ai fréquenté. Si je le défends on me demandera pourquoi je le défends. Dans les deux cas j'ai perdu.

J'essaie toujours de joindre la première femme de Gérard Miller, Dominique, une psychanalyste réputée et discrète, tout l'inverse de son ex-mari. Comme elle ne décroche pas, je me permets de lui envoyer des questions. Et finalement, le 8 avril 2024, elle a fermé sa porte à toute discussion en me demandant de cesser de la contacter. Parfois, on ne sait pas s'il faut insister, prendre peut-être le risque de perdre du temps quand on pourrait être en train de récupérer de vraies infos utiles. Quand on enquête, ce n'est pas évident d'arbitrer, de choisir les pistes. Dans cette affaire qui couvre un spectre très large de domaines (université, showbiz, psychanalyse, hypnose, etc.) et concerne un grand nombre de victimes présumées et d'agressions présumées répétées, conduire ses recherches au bon endroit n'est pas du tout aisé. Certains jours sont désespérants tellement ils mènent à des culs-de-sac. D'autres, au contraire, comme ce mercredi 10 avril 2024, m'ouvrent des horizons.

J'appelle un numéro que l'on m'a confié, celui d'une jeune femme, elle aussi préfère rester anonyme, qui aurait connu Gérard Miller. Très à l'aise et sympathique, elle me raconte en effet qu'elle a eu affaire à lui lorsqu'elle avait dix-sept, dix-huit ans, en 1996. Ce n'est pas avec des séances d'hypnose ou des invitations sur le plateau de *On a tout essayé* qu'il l'a appâtée, mais avec des cours de philo à la rentrée. Tout commence pendant l'été, en Bretagne. Il y a là toute une bande composée de grands bourgeois parisiens propriétaires de villas au bord de l'eau et de leurs enfants, et des stars.

Cet été-là, Gérard Miller traîne sur le sable dans un maillot « de plouc » (selon le témoin) qui suscite les ricanements des dames de la plage et un surnom (encore un), « moule-bite », et fait le malin parmi les jeunes, exactement comme au Club Med de Tunisie. La jeune femme décrit un homme « hyper solaire et attractif » : « Il faisait des trucs tout le temps. Pour ça que je suis tombée sous le charme. Une voix qui porte, on l'entendait beaucoup, il parlait beaucoup et quand on allait goûter l'eau on parlait bouquins. Moi, j'étais passionnée de philo. » Elle est blonde, filiforme et, d'après sa mère, comme elle très jolie et très naïve, elle attire tous les garçons. Dont Gérard Miller, qui lui sert le plat adéquat sur un plateau en regardant les vagues : la philosophie, son rayon. Dans un premier temps, manifestement, il prévoit de ne pas attendre la rentrée, il attaque sur place. Il appelle un jour sur son Bi-Bop à 19 heures pour inviter la jeune fille à prendre l'apéritif. Elle décline et ne le dit pas à ses parents.

En septembre, elle se rend chez lui pour travailler la philosophie, avec plus ou moins de succès : à une rédaction qu'il a faite à sa place, elle n'a eu que 10/20 et en était scandalisée. Gérard Miller lui donne des cours dans son bureau où elle se souvient de la moquette rouge, il lui parle tout en faisant tourner une canne de magicien. Il commence peu à peu à lui proposer des distractions. D'abord le cinéma dans sa salle dédiée au sous-sol. Puis, au bout de la cinquième leçon, une séance d'hypnose sur un petit lit de son bureau. Il fait s'allonger la lycéenne, met sa main sur elle pour sa respiration, mais quand elle ouvre les yeux, la voit dans sa culotte.

Elle a réagi brusquement, s'est levée, a pris ses affaires et s'en est allée. Il n'a jamais osé la rappeler. Et elle croit savoir pourquoi. D'abord, parce qu'elle est issue d'une famille très aisée, ce qui lui a donné l'assurance nécessaire pour se défendre, d'ailleurs : il est de fait plus risqué de s'en prendre à la fille de gens presque aussi puissants que lui. La deuxième raison, je vais la comprendre en téléphonant à un de ses anciens amis, qui lui aussi veut rester anonyme, chez qui Gérard Miller était invité en Bretagne l'été où il a repéré la jeune fille : il s'est fait griller. Plusieurs fois.

Mais ça, l'hôte en question ne comptait pas me l'avouer quand il a décroché. Ce qui le fait parler, en réalité, je vais le sentir, c'est sa conscience. Bien que ses proches, sa femme, sa fille, ses amis l'incitent à se taire sur l'affaire Miller, bien qu'il me répète en début de conversation qu'il s'excuse mais ne parlera pas, il parle. Malgré lui. Cet été-là, il a mis son copain à la porte de chez lui parce qu'il a eu des plaintes de parents de jeunes filles qu'il draguait. Mais, au cours de notre premier échange, il n'en dit pas plus, il va réfléchir, je peux le rappeler plus tard. En fin d'après-midi, quand je le rappelle, il procède de la même manière : il commence par un « Désolé, j'ai décidé que je ne parlerais pas » et finit par m'en dire un peu plus sur cet été-là. Après la première visite de parents inquiets, il avertit le psychanalyste qu'il ne faut pas recommencer. L'autre se justifie, argue que les filles ne sont pas mineures, qu'il a bien le droit de les draguer. Mais, au bout de la deuxième édition, de la deuxième visite, l'hôte met à exécution sa menace et le vire car il lui colle la honte sur ses terres, chez lui. Cette réaction me remonte le moral et je le lui dis. Il est le seul, à ma connaissance, à avoir réagi quand il a su que Miller passait trop de temps avec des jeunes filles. Résultat, je le trouve très courageux. Nous évoquons l'utilisation de l'hypnose et il en profite pour me raconter qu'afin de le convaincre, Miller avait fait une démonstration d'hypnose sur une inconnue ramassée dans la rue devant l'hôtel où il s'était rapatrié et que ça l'avait interloqué.

Ce qui pousse sa famille et ses copains à lui dire de ne pas s'exprimer sur son ancien ami, c'est qu'il a continué de le fréquenter malgré tout. Il l'a revu après l'avoir mis à la porte. Plusieurs mois plus tard, Gérard Miller l'avait rappelé pour lui annoncer sa nouvelle relation avec Anaïs et désamorcer le petit conflit de l'été. Mais peut-on le lui reprocher ? On fait parfois preuve de trop d'indulgence à l'égard de ceux qu'on apprécie, de nos amis. Quelqu'un comme François Mitterrand, par exemple, considérait que l'amitié l'emportait sur la morale !

Quelqu'un comme Emmanuelle Piet, en revanche, n'éprouve aucune espèce de tendresse pour les prédateurs sexuels, pour les violeurs, qu'elle connaît sur le bout des doigts. Médecin, militante sociale, à la tête du CFCV (Collectif féministe contre le viol), elle nous a été conseillée par Édouard Durand, qu'elle a beaucoup inspiré. Pour expliquer les mécanismes de l'agresseur, le fonctionnement de la mémoire des victimes, elle est la bonne personne. Elle nous détaille notamment ce qui a émergé de son expérience, la découverte d'une stratégie de l'agresseur qui est toujours la même quelles que soient ses spécificités à lui : « Un agresseur, ça pense agression, ça prépare son coup, je dirais, presque toujours de la même façon : d'abord, ça choisit sa victime. Donc le choix, ça peut être "je suis porté sur les jeunes filles de dix-sept ans" ou "je m'attaque aux grands-mères", c'est un choix qui est dans le scénario de l'agresseur et après, ça se met en branle pour pouvoir faire : ça isole la victime, ça la fait venir toute seule à son cabinet, par exemple, ça inverse la culpabilité, ça met le brouillard, c'est-à-dire c'est toi qui veux, c'est toi qui m'as aguiché, ça crée le brouillard dans la tête de la personne. Après, d'une manière ou d'une autre, ça leur fait peur, il terrorise. Et pour finir, ça reste en liberté, c'est ça que ça veut, ça dit des choses mais ça laisse penser que personne ne les croira, on dira qu'elle est folle, qu'elle l'a aguiché, etc., ça se retournera contre elle. Ça recrute des alliés et, dans le cas de Gérard Miller, des alliés, il en a plein. Il devait avoir des potes haut placés pour donner l'impression d'être invincible. Si on le voit dans les journaux, toi, petite chose, tu n'as aucune chance, elles pensent ça, c'est fait pour ça. » L'explication est limpide et ces étapes de la stratégie de l'agresseur correspondent très précisément à celles que nous avons identifiées dans cette affaire. L'inversion de culpabilité, nous l'avons observée dans nombre de témoignages, comme celui d'Aurélie qui finit par s'excuser alors qu'elle lui écrivait pour obtenir des excuses de sa part. Elles se demandent si elles ne l'ont pas cherché, comme Émilie. Tout serait mis en place, en effet, pour assurer les arrières de l'agresseur. Si les victimes présumées ne sont pas sûres de ce qui se serait passé grâce à l'hypnose, à l'absorption de drogue et à la confusion, ni de leur éventuelle responsabilité, elles sont amenées à se taire et ne rien faire. En tant que psychanalyste, Gérard Miller savait que le traumatisme fait des trous dans la mémoire et que ces défaillances sont souvent mal interprétées par la justice. Enfin, la position de l'agresseur, Emmanuelle Piet le souligne, son statut, son pouvoir, le protège. On n'ose pas s'en prendre à lui quand on se compare. Dans un parole contre parole, on se fait écrabouiller. Car son pouvoir lui donne une crédibilité quand les victimes présumées, elles, n'ont pas de voix, pas d'accès à ces médias qu'il occupe. Leur impunité est garantie pour un certain temps. Quoique. Emmanuelle Piet me rappelle à la réalité : seulement 0,3 % des violeurs sont condamnés.

Le coup de fil que je passe le 12 avril 2024 à quelqu'un qui a fréquenté Miller, Christophe

Barbier, est beaucoup plus réjouissant. Très urbain et éloquent, le journaliste politique à l'écharpe rouge répond aimablement à mes questions ; je sens qu'il est prêt à aider une consœur. Avec de l'esprit et un certain sens de la formulation, il me décrit l'attitude de Gérard Miller à l'époque où ils répétaient avec Claude Posternak et Marc Jolivet le spectacle *Présidentielles / Premier tour / Second tour*, donné en 2012 à la salle Gaveau : « Gérard n'était pas à l'aise de devoir incarner sur scène de manière théâtrale, un peu caricaturale, ubuesque, le gauchiste de service. Il était même assez agressif et assez rétif. »

Ce manque d'humour caractérisé, cette façon de se prendre au sérieux, d'être incapable de distance vis-à-vis de soi-même, Christophe Barbier les met sur le compte du passé politique de Gérard Miller. Selon lui, c'est « très emblématique de cette extrême gauche dogmatique où il n'y a pas de second degré ». Il parfait le trait : « Il en avait gardé cet esprit de sérieux, presque de secte. » Hormis le côté « très maoïste » de son camarade, Barbier avait été frappé par son côté « père la pudeur » qui ne rit pas aux blagues grivoises et une ressemblance, qu'il cultivait, avec Robespierre, la même intransigeance, la même dureté, insoupçonnable, incorruptible. C'est son frère, Jacques-Alain, épris de Robespierre et notamment de son discours du 23 décembre 1789, plaidoirie pour le droit de vote des juifs et des comédiens, qui lui a donné ce modèle.

Ce qui a frappé aussi le journaliste, c'est le discours très positif et amoureux que Gérard Miller tenait sur sa compagne, Anaïs : « Il avait un discours sur elle très élogieux sur ce qu'elle apportait dans sa vie, cette force d'équilibre. C'était doux comme formulation. [...] Elle lui apportait une forme de modernité, d'agilité dans son emploi du temps, elle conseillait. Elle était de son temps, ça le rajeunissait. Quelque chose de l'égérie. » Quand je lui pose des questions sur la personnalité d'Anaïs, il me confirme ce qui m'a été dit, il me parle de discrétion et de gentillesse. Une relation de la jeune femme a accepté de me parler sans être nommée et m'a décrit « une fille angélique, qui a une sorte de hauteur d'âme, de grâce, de délicatesse et d'immense bonté, un truc de lumière et de douceur ». Selon Christophe Barbier, Miller n'évoquait pas leur différence d'âge. Pour conclure, le journaliste me dit : « En tout cas, il y avait du personnage là-dedans. »

Ce n'est pas moi qui vais le contredire.

Le 14 avril 2024, j'ai une conversation perturbante avec une femme adorable dont on m'a confié le contact en me disant qu'elle avait une histoire pour moi. Comédienne fort jolie et amie de l'humoriste,

Nathalie Mann a l'occasion de croiser la route de Gérard Miller en 1990-1991. Elle a alors presque trente ans. Le psychanalyste est venu voir un spectacle dans lequel elle jouait, les Muses Mutines. Ensuite, il lui propose de boire un verre et, comme elle fait partie du même milieu professionnel que lui, elle ne se méfie pas.

Il m'avait invité ce jour-là à boire un verre chez lui (plutôt un thé de mémoire), on bossait dans le même domaine, il était intelligent et intéressant, j'ai toujours été engagée politiquement. Il n'y avait donc rien d'extraordinaire à ce que je vienne boire un verre chez lui.

C'est une fois là qu'il m'a proposé l'expérience de l'hypnose. Cela m'amusait d'essayer, pourquoi pas ? J'étais en confiance. Je n'ai pas pensé une seconde qu'il pourrait abuser de la situation. Je l'ai vu alors s'approcher pour tâcher de m'embrasser, je me suis foutu de lui et il m'a dit dépité que l'hypnose ne marchait pas avec moi. J'avais en effet l'habitude que les hommes essaient, ça m'a surpris de sa part et je l'ai vu en effet comme le type bien frustré qui a peur de sa femme et profite de son absence pour avoir des aventures (il m'avait dit qu'elle était en vacances de mémoire). Rien de grave, je connais ça. Une fois que je l'ai recadré, on est passés à autre chose, pour moi ça s'arrêtait là. Comment imaginer que ce grand défenseur de la cause féminine dans ses discours, cet homme intelligent et cultivé pouvait être un agresseur ? [...]

Ce qui m'a questionnée ensuite sans que je comprenne pourquoi, c'est le fait que j'ai dormi chez lui, sans vraiment de raisons objectives. Dans une chambre d'enfants, je m'en souviens très bien. Je me suis souvent posé la question des années après avec une certaine curiosité mais je n'avais pas de réponse. Peut-être était-il tard et il n'y avait plus de métro... Je me sentais trop fatiguée ? Et il m'aurait proposé un lit ? Une chambre d'enfants et j'aurais du coup accepté ? Franchement, je ne sais plus mais ça me paraissait étrange. Je n'ai pas de réponse à ça. Ça ne m'inquiétait pas plus que ça, juste ça m'interpellait. Et quand j'ai lu les premiers articles sur lui en agresseur sexuel et surtout son mode opératoire, ça m'a vraiment questionnée ayant vécu cette tentative d'hypnose associée à sa velléité de m'embrasser.

Aurait-il été un agresseur sexuel avec moi aussi cette nuit-là ? Aurait-il pu mettre quelque chose dans ma tasse n'ayant pas réussi à m'hypnotiser ? Ce qui expliquerait que j'ai accepté de dormir chez lui me sentant soudain trop fatiguée ? Aucune certitude. Pas de réveil poisseux, physiquement ou intellectuellement. Juste un sentiment d'étrangeté. Mon compagnon de l'époque se souvient très bien de mes questionnements qui revenaient de temps en temps des années après.

Six jours après le trouble de Nathalie Mann qui se demande encore ce qui s'est produit il y a trente ans, je tombe sur un article dans le *Figaro* (signé Margaux d'Adhémar et Rozenn Morgat) dont le titre attire mon attention : « Loin de ses pairs embarrassés, la vie discrète du psychanalyste Gérard Miller. » Il y est raconté que son divan d'analyste n'a pas été totalement déserté, des anonymes témoignent et affirment ne pas lui avoir retiré leur confiance. Malgré tout. Mes sources dans le milieu psychanalytique me confient qu'il s'agirait sûrement de membres de « La Cause » et ajoutent qu'ils s'analysent entre eux mais je n'en ai pas la preuve. Et au vu de la période compliquée, je doute…

C'est étonnant que l'École créée par Jacques Lacan et Jacques-Alain Miller n'ait pas réagi, ni en volant au secours de Gérard Miller, ni en exprimant clairement une position, compte tenu des problèmes d'éthique posés par l'un des leurs. J'ai retrouvé l'annuaire des membres de l'école, avec des dizaines de numéros de praticiens. J'ai commencé par Jacques-Alain (son frère), sans me faire d'illusion sur sa réponse, j'ai bien fait : réponse laconique, il ne dira rien. J'ai continué mes appels, sans succès. Le silence…. A priori la consigne a été donnée de ne pas répondre aux médias.

Même Clotilde Leguil, membre active de l'école de la cause freudienne et autrice du livre *Céder n'est pas consentir*, paru en 2021, a tout fait pour ne pas répondre à mes sollicitations. Elle connaissait bien Gérard Miller car elle avait organisé avec lui en janvier 2017 une journée d'étude dans le département de psychanalyse de Paris 8. Aujourd'hui encore, elle y enseigne. Mais sait-elle des choses pour autant ?

Dans la bande à Ruquier, j'ai réussi à parler à Éric Métayer qui se souvient avoir vu Gérard Miller draguer et avoir trouvé ça « pathétique ». Mais il avoue que, pris par le stress de sortir des vannes en direct, il ne faisait pas attention aux autres. Isabelle Alonso continue à se poser des questions et sûrement à culpabiliser un peu et me renvoie à un texte qu'elle fait paraître sur son blog le 16 avril 2024. Depuis le début de l'enquête, je sens qu'elle est bien embêtée. Jean-Francois Derec, lui, est plutôt drôle, même s'il n'avait pas du tout envie de me parler. Il craint d'être piégé et finit par avouer qu'il n'aimait pas vraiment Miller et par décrire un homme qui « voulait toujours donner l'image du type très contrôlé comme ça, qui ne se laisse pas aller à des paradis artificiels ; et surtout moi j'étais dans ma loge à essayer de préparer mes sketchs ». Le reste de la clique ne bronche pas. Et puis, au fil de mes tentatives pour les faire parler, j'obtiens un entretien avec une personne très proche de Gérard Miller, une source qui souhaite demeurer anonyme.

Elle me fait part de la tristesse et du sentiment de trahison dans lesquels l'affaire a plongé les amis intimes du psychanalyste. Et de leur position intenable aujourd'hui, cornélienne : lâcher officiellement un ami ou le soutenir, en dépit des souffrances des victimes présumées. En effet, le choix semble impossible. Et je commence à me résigner à ne pas obtenir d'explications, commentaires, récits officiels de la part de ceux qui ont fréquenté Gérard Miller et ont été vus en sa compagnie par des victimes présumées qui en témoignent. Je suppose que ces témoins qui, le plus souvent, ne se souviennent pas de ce qu'ils n'ont pas remarqué à l'époque, parfois il y a vingt ans ou plus, seront convoqués au cours de l'enquête et pourront alors, sans crainte, se livrer et essayer de se rappeler. À plusieurs reprises, ma source me jure sur ce qu'elle a de plus précieux n'avoir jamais rien remarqué à l'époque des faits et n'avoir jamais eu vent d'attitudes ou de faits déplacés. Quant aux surnoms « T'as quel âge ? », « T'es en quelle classe ? », elle ne les connaissait pas et me précise que des blagues fusaient bien sur ce thème, mais qu'elle les attribuait à la différence d'âge avec sa deuxième épouse. Ce témoin, bien qu'étant du premier cercle, n'a eu depuis le 31 janvier 2024 aucune nouvelle (orale ou écrite) de son ami mis en cause. Il termine notre conversation en évoquant la femme actuelle de Gérard Miller et leur fille : il est désolé pour elles, il me dit d'un ton qui m'émeut : « Mettez-vous à la place de cette jeune fille adolescente ! »

En effet, ce doit être horrible. Je le déplore : la quête de vérité fait parfois souffrir des innocents. Mais je fais mon métier, je suis là pour restituer des faits, pour essayer de tendre une image enfin authentique de la réalité. Que cette réalité soit laide n'est pas de mon ressort…

Désormais comédienne, à l'époque des faits présumés journaliste, c'est avec le témoignage de Muriel Cousin que les journalistes de *Elle* ont ouvert leur enquête sur Miller et elle en a marre de raconter son histoire. Parce que, elle, ça fait plus de vingt ans qu'elle la raconte à qui veut bien l'écouter. Elle la raconte en privé, dans son milieu professionnel, sur Internet, partout où elle peut, elle balance en espérant que peu à peu cette histoire fera son chemin. En 1995, elle travaille au *Globe* en même temps que Gérard Miller et, parce qu'elle se passionne pour la psychologie et l'hypnose, il lui propose de faire une séance et lui donne rendez-vous un samedi en plein après-midi au « Champ freudien », les bureaux de l'École de la Cause freudienne. Là, la séance dérape, et Muriel Cousin se retrouve avec les mains de Miller sur ses seins et son sexe. L'épisode la laisse traumatisée pendant au moins dix ans, elle qui avait déjà été violée à quatorze ans. Ce qui lui fait dire que les prédateurs sentent les fragilités : « C'est un instinct chez eux. »

Quand j'évoque la déclaration de Laurent Ruquier chez Philippe Vandel à propos de Gérard Miller (« Je vais continuer à garder ce principe. Jamais je ne commente ce genre d'affaire, pour deux raisons toutes simples : par respect pour les victimes présumées, je ne voudrais pas qu'elles soient choquées par quoi que ce soit que je dise, et par respect pour une amitié. »), Muriel s'énerve : « "Je ne voudrais pas blesser les victimes", c'est monstrueux. Ça voudrait dire que la seule chose qu'il aurait à dire, c'est que nous ne sommes pas des victimes, mais qu'on était des petites putes consentantes, si j'ai bien compris. Au mieux des menteuses, au pire des petites putes consentantes. C'est un peu ce qu'il veut dire. » Quand je raccroche, je suis remontée et prête à demander une explication de texte à Laurent Ruquier. Ce que je fais. Un énième texto. Qui est lu.

Pendant que Muriel s'échinait toutes ces années à faire sortir l'information sur Gérard Miller, une autre victime présumée, Morgan, qui avait dix-sept ans à l'époque des faits, qui dans un geste de rage a détruit toutes les traces de sa sordide histoire avec le psychanalyste, tapait obstinément « Gérard Miller viol » ou « Gérard Miller agression sexuelle » sur des moteurs de recherche dans l'espoir de voir apparaître enfin la vérité. Un jour, elle remarque une question envoyée à Miller : « Que pensez-vous du viol sous hypnose ? » Alors, elle se crée un faux compte pour entrer contact avec le type qui a émis la salve. En vain. Yasmine, de la même façon, a cherché de manière obsessionnelle une réponse sur Internet à « Gérard Miller violeur » et a remarqué qu'après avoir envoyé à Jérôme, le fils adoptif de Miller, des textos dans lesquels elle dénonçait son beau-père, une fake news est sortie sur Internet disant Gérard Miller mort. La jeune femme y a vu une manipulation pour discréditer toute nouvelle scandaleuse.

Morgan, que j'interviewe le 7 mai 2024, a écrit des dizaines de lettres dans lesquelles elle racontait tout, mais les a toutes jetées. Comme si, de toute façon, ça ne servait à rien. Pourtant son cas est selon moi l'un des pires que j'ai entendus depuis le début de l'enquête. Parce qu'elle avait déjà subi des maltraitances à l'école, du harcèlement, parce qu'elle était déscolarisée et sortait tout juste d'hôpital psychiatrique, parce qu'elle était de milieu social modeste, parce qu'il l'aurait violée.

À l'époque, j'étais déscolarisée. Moi, en fait, j'ai vu un signe de la vie. Moi, je l'adorais, il avait une aura. Alors, forcément, moi, si vous voulez, je ne sortais pas de mes bouquins, j'étais déscolarisée, j'avais pas d'amis, j'étais complètement isolée, je ne faisais que lire toute la journée et le seul moment où je décrochais de mes bouquins, c'était pour regarder l'émission On a tout essayé. *Je le trouvais tellement gentil donc, c'est sûr, quand il est venu me parler, pour moi, c'était un signe de la vie. Moi qui suis tellement déprimée et ce mec-là qui est psychanalyste, j'ai vu une aide du ciel si vous voulez, j'étais loin de m'imaginer qu'il y avait tout un scénario comme ça derrière j'aurais même jamais pu imaginer qu'il aurait des pensées sexuelles. Je suis allée assister à l'émission* On a tout essayé *à Paris. Mon père travaillait à Paris, il allait faire des livraisons dans des boutiques tous les quinze jours et comme je sortais plus, je ne faisais plus rien, j'étais complètement déscolarisée, je ne sais plus comment l'idée est venue, je pense que c'est en regardant l'émission, je suis allée assister à l'émission. On s'est dit que ça me ferait prendre l'air. Mon père m'a déposée et il est parti faire ses livraisons et, quand j'étais dans le public, [Miller] est venu me voir à la fin. Il m'a demandé de l'attendre, j'ai rien compris, moi, j'avais pas de caractère, je me suis toujours fait piétiner… Gamine, j'étais incapable à l'époque, je me sens naïve maintenant, je me sens en colère, ce qui m'énerve, c'est de ne pas avoir vu ce qui arrivait. Je l'ai attendu et il m'a demandé : « Qu'est-ce que tu vas faire après ? » De but en blanc j'ai répondu : « Mon père m'a déposée et j'attends qu'il vienne me recbercher, j'ai vu qu'il y avait un snack à côté, je vais aller manger une crêpe. » Il m'a dit : « Attends, je vais t'emmener manger une vraie crêpe dans un bon restaurant. » Alors, je l'attends, Laurent Ruquier me voit et il me demande ce que je fais là, je lui dis que j'attends Gérard Miller, il part en rigolant. Philippe Geluck, si gentil, lui aussi me sourit. On va manger effectivement une crêpe dans une crêperie et on commence à discuter. Et puis je lui raconte ma vie. Il me pose plein de questions. J'explique que je ne vais plus à l'école, que je subis beaucoup de harcèlement. Je sors d'un hôpital psychiatrique où je m'ennuie, que je suis dans une région où il n'y a rien à faire. Il me dit : « Écoute, reste à Paris ce soir, il y a le spectacle de Florence Foresti, je t'emmène à son spectacle. » Ben voilà il est trop gentil... La vie est incroyable. Il appelle mes parents parce que mon père ne veut pas au début, mes parents se sont énormément disputés, mon père était à Paris en livraison et ma mère était chez nous. [Miller] appelle ma mère au début, il arrive à convaincre mes parents de me garder une nuit. Il dit même : « Morgan, elle m'a dit qu'elle s'ennuyait beaucoup en Meuse, elle passe la journée avec moi à Paris, demain je la laisse au train. » Ma mère se rappelle très bien ce qu'il lui a dit. Elle lui a dit : « Vous savez, elle est encore mineure... » « Mais ne vous inquiétez pas, j'ai une fille de son âge. Je sais ce qui s'est passé... » Ça a été un sujet très tabou avec mes parents. On est très proches mais pendant quinze ans je sais qu'ils se sont disputés. Il me rappelle quelques mois plus tard, d'après les souvenirs de mon père, au moment de mon anniversaire, de mes dix-huit ans, il me rappelle. Je vivais encore chez mes parents. Il dit : « Pour l'anniversaire de Morgan il y a un spectacle à Paris sur l'homosexualité, je voulais l'inviter », donc je retourne à Paris et là c'est plus la même histoire puisque je me souviens. Je peux parler de viol clairement. Quand j'y suis retournée, je me souviens de plusieurs choses. On avait été chez lui passer la journée ensemble, il m'avait emmenée à l'émission de radio de Europe 1, visiter Beaubourg, je me souviens d'être chez lui et qu'il dise finalement : « On ne va pas aller au spectacle, on va plutôt regarder un film ici » et d'avoir la sensation que je suis dans la merde, d'avoir la sensation de piège, de m'être fait avoir et c'est là où ça commence. Il m'emmène dans la grande salle où il y avait un grand écran avec un grand canapé, juste je me rappelle qu'il y a un bar sur la gauche qui part sur le bar, je ne sais plus s'il me sert de l'alcool ou un thé, soit un verre de champagne soit un thé, j'en sais rien, je ne sais plus. Mais ce dont je me souviens très bien, c'est que je sens que je suis dans la merde, j'ai une sensation de piège quand il dit : « On ne va pas aller voir le spectacle. » Après, quand on arrive dans la pièce, je me souviens me dire que je vais pas lui montrer que ça m'impressionne.*

J'avais jamais vu de trucs comme ça… Une énorme pièce au sous-sol avec un énorme écran. J'étais quand même sur la défensive. Ensuite, on est sur le canapé et là, il met son bras autour de mon épaule, et là je me rappelle que je le repousse en pensant je vais bien lui marquer que je ne veux pas de rapprochement physique. Après, j'ai un blanc, je suis incapable de dire ce qu'on a regardé comme film, je ne me souviens de rien. Après, je me vois dans la chambre, allongée, et là, il rentre dans la chambre. Et c'est là que ça commence à être malaisant. Il rentre dans la chambre et là, petit à petit, il commence à me masser et j'ai en boucle dans la tête : « Quand est-ce que je peux dire non ? Quand est-ce que je peux dire non ? Quand est-ce que je peux dire stop ? Quand est-ce que je peux dire non ? Quand est-ce que je peux dire stop ? ». J'arrive jamais à dire stop et ça va beaucoup plus loin, et je suis incapable de dire quoi que ce soit quoi. Je ne sais pas s'il m'a droguée. Je ne suis plus sûre qu'il m'a parlé d'hypnose mais qu'il parlait d'une voix hypnotique. Il me masse puis il y a un blanc, je reprends mes esprits, je me souviens qu'il vient à côté de moi dans le lit et puis, après, je me souviens plus. Et puis, après, quand je me ressouviens, je sens son corps à l'intérieur du mien et, en fait, ce qui est terrible, c'est que j'ai encore, j'ai quand même trente-six ans, c'est le seul truc sexuel de ma vie, je n'ai même pas envie de dire sexuel d'ailleurs, où j'ai les sensations physiques encore, le point de contact à l'intérieur de mon corps. C'est comme s'il m'avait marquée au fer rouge en fait et quand il fait ça, à un moment, il me dit : « On va arrêter là, il ne faut pas abuser des bonnes choses. » Cette putain de phrase, ça fait dix-huit ans que je l'ai dans la tête. Après ce qui me met plus en colère, c'est que je me suis sentie coupable pendant des années parce qu'il a dit cette phrase-là. Après cette phrase et puis plus rien, je me souviens plus de rien jusqu'au lendemain devant le taxi pour me ramener à la gare. C'est là qu'il a cette phrase terrible qui, pareil, m'a marquée, m'a glacé le sang. Il me dit juste avant de monter dans le taxi : « Ce sera notre petit secret. Tu viens quand tu veux à Paris. » C'est un sociopathe pour moi franchement.

Un « petit secret » durable, mais qui s'est bien fissuré récemment. Outre Muriel Cousin qui bataillait, une autre victime présumée a réagi, elle en allant porter plainte. En 2003, elle est allée déposer une plainte trois, quatre jours après les faits. Ce qui implique que Gérard Miller a été entendu à l'époque mais que l'affaire a été classée et que la plainte a disparu, probablement inondée au moment des grandes crues de la Seine. Ces années-là le chroniqueur aurait continué de plus belle, c'est d'ailleurs l'année où il aurait agressé Armelle. Par téléphone, un an et demi après, les policiers lui avaient annoncé le classement sans suite de sa plainte mais l'auraient rassurée en lui disant que Gérard Miller n'embêterait plus personne. Apparemment, elle n'aurait pas été la seule à avoir eu affaire à Gérard Miller… mais a priori, cela n'a pas suffit. L'avocate, elle, a déjà accompagné Charlotte à son audition le 26 avril 2024 à la brigade des mineurs où finalement l'enquête a été portée. Elle lui a conseillé au préalable de ne pas se forcer à se souvenir de ce dont elle ne se souvient pas : « Je dis aux clientes : “N'essayez pas de reconstruire les faits qui pourraient mettre en porte à faux la réalité.” Je préfère qu'elles disent : “Je n'ai pas de souvenirs.” Charlotte l'a très bien fait, elle disait : “Je ne me souviens pas.” L'enquêteur lui a dit à un moment : “C'est un signe de crédibilité de ne pas se souvenir de tout.” » D'après Anne-Claire Le Jeune, l'enquête préliminaire risque de durer longtemps car « ils disent que c'est monumental en termes d'investigation à mener ».

Il faut dire que le nombre de victimes présumées de Gérard Miller est aberrant. Le 14 mai 2024, c'est Aude qui me raconte comment il l'aurait forcée à lui faire une fellation. Le 20 février 2024, elle a porté plainte en compagnie de son avocat Maître Pioli. Les faits se seraient déroulés en 2001, une année faste pour le chasseur.

Il écrivait au même moment dans son autobiographie : « J'étais un bon hypnotiseur, parce que j'y croyais moi-même et que les autres acceptaient que je fasse l'affaire. Ils l'acceptaient avant même que d'en avoir la confirmation et, s'ils ne m'avaient accordé leur blanc-seing, jamais aucune de mes injonctions n'eût eu le moindre effet. Pour s'opposer à la petite machinerie que je mettais en place, il ne suffisait pas d'être perplexe, voire réticent. Il fallait refuser tout, d'emblée et en bloc. Or presque tous se prêtaient au jeu, y compris ceux qui clamaient leur scepticisme[1]. »

J'avais un petit peu moins de dix-sept ans quand, avec ma meilleure amie, on lui a écrit pour le solliciter afin d'avoir une interview pour le journal du lycée, donc on avait envoyé directement la lettre. Et le jour de mes dix-sept ans, pur hasard du calendrier, le jour de mes dix-sept ans, il m'appelle parce qu'on avait laissé nos numéros et nos âges. Il m'appelle pour me dire : « J'ai bien eu votre courrier… Écoutez, c'est d'accord on peut se retrouver chez moi. » Ça, c'est gravé ! Et donc ça s'est passé comme ça, le premier échange, et j'étais plus que stupéfaite parce que, pour vous dire, on a écrit ça sur la feuille d'un classeur. En plein cours, on était en terminale

1. Gérard Miller, *Minoritaire*, *op. cit.*

et donc il me rappelle... C'était juste improbable et en fait on y est allés le dimanche avec ma meilleure amie et un copain à nous. Et il nous a ouvert la porte en disant : « Vous êtes venues avec votre garde du corps ! » C'était le premier échange, dans mon souvenir, il n'y a rien de plus significatif que j'ai par rapport à cette première rencontre si ce n'est cette phrase. Suite à ça, on a échangé des messages, il m'a contactée, que moi... qui ai eu les messages, ma copine, elle, pas du tout, et on a convenu d'un deuxième rendez-vous par message. C'était il y a vingt-deux ans, en 2001, c'était en 2001, c'est simple, oui, novembre 2001. Eh bien c'est vraiment là où il a sévi, c'est incroyable... Il nous a donc réinvitées dans son hôtel particulier et il nous a proposé une séance d'hypnose.

Alors moi, à l'époque, j'étais déjà fascinée par la psychanalyse. J'en ai fait mon métier, je suis psycho aujourd'hui. Quand il a proposé ça, on n'était que toutes les deux... ben moi j'ai dit tout de suite ok et mon amie a dit : « Moi, c'est hors de question, elle dit par contre vous pouvez très bien le faire sur Aude mais moi ce n'est pas possible. » Et là il a répondu : « C'est vous deux ou personne » Donc personne ! On ne l'a pas fait. Et là il envoyait de plus en plus de messages jusqu'à me proposer en fait qu'on se revoie. C'était un dimanche matin. On s'est retrouvés à l'issue d'une de ses conférences et on est allés bruncher avec Laurent Ruquier. Là, vous imaginez la gamine de dix-sept ans, tu es en terminale dans le Val-d'Oise, qui se retrouve à la table de Ruquier, Miller et deux autres personnes dont j'arrive pas à me souvenir de leur identité parce que je pense que je ne les connaissais pas du tout. Laurent Ruquier m'a juste demandé : « Vous venez d'où ? » J'ai répondu « À côté de Cergy » et m'a dit « Ok » et c'était fini en fait. On est arrivés tous les deux, et eux, Laurent Ruquier et les deux autres personnes étaient déjà attablés donc on arrivait ensemble. Je n'ai pas eu le sentiment que quelqu'un avait l'air surpris. Et puis j'étais à la fois décontenancée parce que c'est incroyable d'être là et en fait, parce que vous êtes vraiment ce pot de fleurs et que vous n'existez pas. Mais ça lui avait permis d'asseoir une emprise parce que vous voyez une gamine de dix-sept ans là, au milieu de tout ça. Après, on est retournés dans son hôtel particulier et c'est là que ça s'est passé. C'était dans le troisième rendez-vous c'était la troisième rencontre. Il m'embrasse, c'est violent… ah oui non mais quand il dit qu'il demande le consentement pas du tout. C'est lui qui décide et il est très bon parce que justement il n'y a pas de violence. Alors, au début il m'allonge sur son lit, il se met sur moi. Il m'allonge et il se met directement sur moi. Il me demande si j'ai déjà eu un rapport sexuel et si j'ai déjà fait l'amour avec quelqu'un, si j'ai déjà couché avec un garçon, très exactement, ce à quoi je réponds non. Et après, c'est là qu'il prend ma main et qu'il me demande de lui faire une fellation. Son sexe… j'ai le souvenir qu'il était particulièrement laid. Vous voyez la sidération, c'est psychique à ce moment-là, en fait vous faites et puis… Je me souviens de certaines choses parce qu'il y a les images en fait c'est hyper violent ce qui vous arrive en plein visage. Par contre, je ne sais pas comment je suis rentrée chez moi… Ça… je suis obsédée… Je veux savoir comment je suis rentrée chez moi et je veux savoir surtout si après ce que j'ai subi, ce qu'il m'a forcé à lui faire, s'il n'y a pas eu autre chose. C'est tout ça dont je ne me souviens pas et je suis en colère parce que je veux me souvenir, c'est quelque part dans ma mémoire et ça ne vient pas. Je vois des pavés qui tanguent, enfin je vois une rue qui tangue, donc il y a cette question-là quand même. Ce sont des petits souvenirs et des petits bouts d'images que j'essaie comme un puzzle qui est cassé et je recolle les gros morceaux. Mais il manque encore plein de petits trucs… En ce moment, je passe par plein de phases et je suis très en colère en ce moment.

Anne-Claire Le Jeune a remarqué à quel point les victimes présumées déclaraient unanimement n'avoir jamais consenti à rien, contrairement à ce que Gérard Miller a affirmé pour sa défense quand le scandale a éclaté – à savoir s'être « assuré du consentement des femmes qu'[il a] pu fréquenter » ou avoir « la conviction de n'avoir contraint personne ».

Après cette enquête, je ne saurais le croire.

Mais, en ce qui me concerne, je m'appuie sur la réalité.

Et cette réalité, je l'ai ici recoupée pour obtenir honnêtement la vérité. Il ne manquait plus que le témoignage d'Emmanuelle Dancourt, la présidente de MeTooMedia : le 7 décembre 2023, alors qu'elle est invitée sur le plateau de Laurent Ruquier et Julie Hammett pour *Le 20H de Ruquier*, avec notamment Gérard Miller qui est là en tant que chroniqueur. Ils sont là pour commenter l'affaire Depardieu. À la fin de l'émission, alors qu'ils sont déjà dans le couloir, l'agresseur présumé qui aurait eu le consentement présumé de ses victimes présumées entreprend Emmanuelle Dancourt car il s'interroge : « Comment puis-je savoir si les femmes avec lesquelles j'ai couché étaient vraiment consentantes ? Je n'en suis pas certain. Je me pose des questions. »

Un aveu présumé, peut-être ? Mais au conditionnel seulement.

Aux nombreux témoignages s'ajoute en effet celui de Sonia pour qui ça s'est passé en 2001, la même année que Charlotte, Aude et Aurélie. Sonia me raconte comment elle a réagi face aux assauts de Gérard Miller.

En juillet 2001, je le croise avec une copine sur le plateau de l'émission de Drucker, Vivement dimanche. *Je suis également allée sur d'autres plateaux mais c'est là que je l'ai rencontré. Même mode opératoire : il repère deux petites nanas, il nous fonce dessus. On était super impressionnées, ma copine avait deux ans de moins que moi.*

J'avais dix-neuf ans. Je passais mon bac et j'habitais à Lyon. Je venais à Paris de temps en temps assister à des émissions parce que je voulais faire une école d'attachée de presse l'année d'après. Ma copine laisse son numéro et pas moi. Moi, je repars à Lyon, je passe mon bac et j'ai les résultats au mois de juillet. Et le jour de mes résultats, il m'appelle : « Oui, j'ai appris que tu avais eu ton bac... je voulais te dire bravo ! Je souhaite t'inviter à dîner à La Maison du caviar. » Sauf qu'à dix-neuf ans, qu'est-ce qu'on va foutre à La Maison du caviar, c'est ridicule, on n'aime pas le caviar. Donc j'ai rigolé en disant que je n'aimais pas le caviar et que mon resto préféré, c'était l'Hipopotamus. Donc il m'a invitée à l'Hippopotamus sauf que moi, je sentais venir le coup donc j'ai demandé à ce que ma copine soit présente.

J'y vais avec ma copine et il nous dit : « Retrouvez-moi à mon bureau. » Il nous avait déjà parlé d'hypnose et moi, j'étais hyper curieuse de ça. Du coup il a dit de passer à son bureau, comme ça il nous ferait une séance avant. Moi, j'étais rassurée d'être deux. À 17 heures, on a débarqué à son bureau boulevard Voltaire. Son bureau qui, en fait, est sa maison. Il nous a fait la visite, moi je n'ai pas vu les étages, je n'ai vu que le sous-sol. Dans son bureau, il nous a allongées et il a commencé sa petite séance d'hypnose. Sauf que très vite il parlait tout doucement et très vite les mains ont commencé à se promener sur mes fesses, mon dos, sous ma chemise, très vite j'ai senti que ça n'allait pas. Donc une première fois je lui ai dit un peu sèchement, je pense, que le contact physique n'est pas nécessaire à l'hypnose. Ce à quoi il m'a répondu : « Chut ! Tu n'es pas concentrée » et il a continué. Il a attendu encore cinq, dix minutes, il a attendu puis il a recommencé avec les mains et là, je me suis levée d'un bond et j'ai dit : « Bon, maintenant, on va manger, ça suffit ! » Ma copine avait oublié son gilet, elle est revenue le lendemain le chercher…

Après ce resto, il voulait qu'on dorme chez lui. Moi, j'ai dit : « Je préfère dormir dehors », parce que je sentais bien le traquenard. Du coup, il nous a payé une chambre d'hôtel, il nous a accompagnées dans la chambre. Là, il a commencé à faire un peu des câlins avec ma copine. Moi, j'étais sur mon téléphone, j'étais concentrée sur mon téléphone pour qu'il me foute la paix et puis ses mains baladeuses ont recommencé pour une tentative de trio, évidemment.

Là, moi je me suis fâchée, j'ai regardé ma copine et j'ai dit : « Soit c'est moi qui sors, soit c'est lui qui sort mais il y en a un des deux qui sort. Moi je ne reste pas dans une chambre comme ça dans cette tension de merde. » Et donc il est sorti.

Moi, je l'ai revu parce qu'il jouait toujours sur ce côté « je vais t'aider pour le travail » et donc moi, j'essayais entre gros guillemets qu'il m'aide sans que je donne rien quoi. Je me pensais maligne et puis, au bout d'un moment, on est dans le mur, c'est… au bout de deux fois, trois fois que je le voyais, qu'il m'invitait au théâtre, qu'il me présentait des gens, chaque fois il était plus insistant. Donc au bout d'un moment, on a arrêté de se voir.

La toute dernière fois que je l'ai vu, c'était au restaurant Le Manray, il m'a invité à dîner et en sortant de ce dîner on s'est retrouvé face à face devant son petit vespa et au moment de me dire au revoir j'allais lui faire la bise il m'a embrassée et… je n'ai pas osé bouger, je n'ai pas osé bouger parce que dans ma tête (j'ai dix-neuf ans encore une fois) je me dis ok, tu ne vas pas taper un scandale dans la rue.

Alors, je me suis reculée je suis rentrée chez moi et je me suis rendu compte qu'en fait il était capable de me faire faire des choses que je ne voulais pas et c'est à ce moment-là que j'ai décidé que je n'étais pas assez forte. Il était de toute façon plus fort que moi. J'ai tout coupé, je ne répondais plus à ses messages.

J'échange quelques messages avec l'ancien ami de Gérard Miller. Nous sommes le 16 mai 2024, soit plus d'un mois après notre premier échange téléphonique. Depuis, il a réfléchi, il n'a pas dormi, il s'est souvenu. Il pense témoigner dans ce livre sous son nom, il assume. En fait, m'avoue-t-il, il y a eu trois plaintes, pas deux. Le deuxième jour des vacances, un inconnu l'a accosté sèchement alors qu'il était en train de prendre l'apéro avec des copains : « Vous êtes untel ? Vous direz à votre ami Gérard Miller d'arrêter d'envoyer des messages à ma fille, ça commence vraiment… » Il a passé le message et averti le psychanalyste qu'il risquait la porte. Mais le lendemain et le surlendemain, la même scène s'est reproduite, un père en colère qui est venu le trouver. Alors, il l'a viré, comme il me l'avait déjà raconté.

Quand j'arrive chez lui, il est ému et curieux, il me demande de lui parler des victimes présumées de son ancien copain. Entre deux sanglots, il me dit : « Mais comment j'ai pu être ami avec ce mec ? Comment j'ai pu sans le savoir cautionner ça en l'invitant chez moi ? Comment j'aurais pu ? Je n'ai pas vu mais quand j'ai vu, j'ai dit stop. Mais à mon échelle… » Cet homme, décidément, a une âme. Sa culpabilité, ses questions, sa tristesse l'honorent. Dès que je mentionnerai une victime présumée, il sera à nouveau bouleversé.

Et si, comme moi, il les connaissait, alors…

qu'il est sorti de la légalité à cet égard à plusieurs reprises.

Et si Gérard Miller se trouve avec sa sérialité, c'est qu'il ne serait pas soumis aux lois qui régissent l'ensemble de la société. Il doit se sentir libre, sans entraves. Comme l'énonce clairement Édouard Durand : « L'agresseur utilise la violence par le sexe pour dire : "La loi, c'est moi." Et la justice est ce qui a été trouvé de mieux pour remettre la loi à sa place. C'est pourquoi l'impunité des agresseurs sexuels, des violeurs, a un impact terrible et sur les victimes et sur le groupe social. » Ce que le juge Durand nous aide à comprendre, c'est que l'attaque du psychanalyste est d'autant plus grave qu'il n'agresse pas seulement des jeunes filles dont il ruine l'avenir, mais aussi la société. En transgressant les interdits, en outrepassant ses droits, en crachant sur les lois qui permettent de « continuer à vivre en tant que groupe », il s'en prend aux structures sociales, à un ordre vital, vivant. Il ravale même son idéologie, ses valeurs fondatrices d'homme de gauche, son progressisme, son sens de la lutte au profit de l'égalité, les idées nobles de son ancien copain, Jean-Luc Mélenchon.

En 2001, tandis que Gérard Miller aurait fait d'Aurélie une victime, il écrivait sur les maoïstes dont il faisait partie qu'ils étaient « agités, oui. Et

Épilogue

Mais il s'est ravisé, son ancien ami du showbiz, il s'est rétracté. Il m'a laissé le choix : le supprimer du livre ou l'y laisser mais avec sa propre déclaration. Parce que je tiens à la liberté d'informer, parce que son témoignage me paraît essentiel, j'ai opté pour une autre option. Je préserve son anonymat mais garde son histoire. J'espérais achever mon enquête sur une note optimiste, sur le dépassement d'une peur.

Face au silence des anciens collaborateurs, alliés politiques et amis de Gérard Miller, je reconnais ma défaite. J'essaie et je réessaie. Sans succès, sauf avec Philippe Geluck qui se dit sincèrement désolé et avoue : « Je suis tombé de ma chaise. » Il admet avoir vu son ami draguer des jeunes filles, mais ne soupçonnait rien. Il mentionne aussi la tristesse de

Michel Drucker. Michel Drucker, lui, refuse toujours de me répondre. Marc-Olivier Fogiel, avec lequel Gérard Miller aurait passé des vacances, également.

Catherine Barma ne souhaite toujours pas parler, elle reste sur la position, elle n'a rien vu, rien entendu. Je reçois ce dernier texto : « Bonjour Madame,

Je n'ai pas d'autres éléments à vous apporter que ceux adressés en février dernier :

Je tiens tout d'abord à rappeler qu'en ma qualité de productrice, ma place était en régie et que dès le tournage terminé, je donnais des instructions pour préparer le montage de l'émission.

Je confirme que je n'ai jamais vu Gérard Miller avoir un comportement inapproprié avec des personnes présentes dans le public.

Si j'avais eu le moindre soupçon ou connaissance d'un tel comportement, j'aurais immédiatement agi en conséquence et aurai cessé toute collaboration avec Gérard Miller avec lequel je n'ai entretenu que des rapports professionnels.

Bien que très attachée à la présomption d'innocence dont bénéficie Gérard Miller, je ne peux avoir que de l'empathie à l'égard des personnes dont j'ai lu les témoignages dans la presse. »

Je tente une dernière fois de joindre Gérard Miller, de lui donner l'opportunité d'expliquer. Mais il n'a pas changé d'avis, ce n'est pas à moi qu'il parlera :

« Je vous confirme n'avoir pas changé d'avis depuis ma déclaration de février et réserver ma parole à l'institution judiciaire. G. M. »

Anaïs Feuillette, la femme de Gérard Miller, a semble-t-il encore hésité à me parler la veille de boucler le livre. Elle a fini par envoyer un message par le biais de Philippe Geluck en disant qu'elle garderait le silence.

En effet, maintenant, ce n'est plus de mon ressort, mais de celui de la justice. Je décide de renoncer, je pose mon téléphone.

Celles qui ne m'ont jamais déçue, ce sont les victimes.

Au long de cette enquête, elles m'ont bluffée, toutes. Leur courage, leur honnêteté, leur colère, leur souffrance et ce qu'elles font de tout ça aujourd'hui. Qu'il s'agisse des auditions à la brigade de mineurs ou des expertises psychologiques, aucune des étapes n'est pour elles un plaisir. Se souvenir et revivre les faits, c'est, pour certaines d'entre elles un exercice qui relève de la torture. Le 21 mai 2024, Morgan était entendue par la brigade des mineurs tandis qu'Aude que j'accompagnais témoignait parmi d'autres femmes dans le cadre de la commission d'enquête sur la soumission chimique à l'Assemblée nationale. Je revois le sourire crispé d'Aude, son angoisse de se présenter devant la commission pour parler. Une épreuve nécessaire.

Les victimes ne guériront pas, comme le disait Lacan, mais la justice, je l'espère de tout mon cœur, saura leur rendre leur dignité en renvoyant la honte et la culpabilité dans le camp de leur agresseur.

D'ici là, il faudra que nous, journalistes, ne nous éloignions pas de ces femmes qui ont besoin de nous pour sortir du silence. Que des consœurs et confrères prennent le relais de cette enquête qui pour moi aura été plus. Plus qu'un livre.

Un livre que j'aurais préféré ne pas écrire.

Armelle m'a posé une dernière question :

« Chloé, si tu avais fait l'interview il y a vingt ans, toi, tu crois qu'il te serait arrivé la même chose ?

– Évidemment Armelle… »

Remerciements

À mon éditeur, Manuel Carcassonne, qui n'a jamais cessé d'y croire malgré toutes les tempêtes.

Sophie Blandinières, une fée que j'ai eu la chance de croiser

Guy Birenbaum, l'homme qui voit la fusée avant de voir l'avion, qui a cru sans hésiter à ce projet.

Émilie, Marine, Nicolas, Bénédicte et toute l'équipe de Stock si bienveillants et patients.

Élise Lucet et toute son équipe d'Envoyé Spécial, qui m'ont fait confiance et qui nous ont soutenu pendant toute cette enquête.

Lucie Rémy, ma coréalisatrice une amie avec qui j'ai passé tellement d'heures au téléphone pour échanger ces infos.

Au magazine *Elle*, qui a sorti l'affaire Miller et soutient la cause des femmes.

Anne Claire Le Jeune, qui a toujours défendu les victimes d'agressions sexuelles, et d'avoir toujours répondu à toutes mes questions.

Ashley, qui m'accompagne depuis 20 ans, et qui fait sans le savoir le même travail que moi….

Ma famille et mes amis toujours présents et généreux.

Mes parents qui m'ont transmis les valeurs de la justice et de l'équité.

Ma Louise qui, à l'aube de son adolescence, comprendra bientôt que c'est aussi pour elle que j'ai écrit ce livre. Et mon petit Gaspard…

Je tiens à remercier toutes les femmes victimes et toutes les autres qui m'ont fait confiance tout au long de cette enquête.

Une pensée toute particulière à mon amie Armelle et sa maman…

Sans oublier Rim, Annie, Marion, Noémie, Floriane, Marie, Aude, Aviva, Baya, Caroline, Laurine, Carolina, Lucie, Sophie, Juliette, Carole, Anaïs, Karelle, Rahabi, Emma, Paola, Aurélie, Florence, Julie, Véro, Blandine, Mathilde, Elodie, Sélénia, Mélanie, Emilie, Nora, Corinne, Virginie, Delphine, Mané, Mercedes, Nouhad, Farzana, Sarah, Isabelle.

Et Rachid, Ludovic, Alex, Fred, Arnaud, Damien, Assane, Manu, Atlas, Edouard, Christophe, Nizard, Baptiste, Fethi, benoît, Hugo, Thibault, Bruno, Boris, François, Yann, Yves, Clément, Julien, Stéphane, Laurent Rémy, Thomas.

Cet ouvrage a été composé
par Nord Compo
et achevé d'imprimer en France
par CPI BRODARD & TAUPIN (72200 La Flèche)
pour le compte des Éditions Stock
21, rue du Montparnasse, 75006 Paris
en septembre 2024

Stock s'engage pour l'environnement en réduisant l'empreinte carbone de ses livres.
Celle de cet exemplaire est de :
350 g éq. CO_2
Rendez-vous sur
www.editions-stock-durable.fr

PAPIER CERTIFIÉ

Imprimé en France

Dépôt légal : octobre 2024
N° d'édition : 01 - N° d'impression : 3057938
16-07-3852/2